Haben Sie geschmackliches Vorstellungsvermögen?
Dann laden wir Sie ein, sich als Mitköche zu betätigen.

Jahrbuch für die Frau, 1968

Ute Scheffler

Koche mit Liebe...

Kultrezepte der Sechziger

BuchVerlag für die Frau

ISBN 978-3-89798-198-0

2. überarbeitete Auflage 2012

Abbildungen: Archiv BuchVerlag für die Frau, Leipzig;
Gottfried Haupt (Seiten 11, 19, 37)
Titelgestaltung: LEcreativ. Design & Medien Ltd, Leipzig
unter Verwendung eines Anzeigenmotives des VEB Suppina
Gesamtgestaltung und Satz: LEcreativ. Design & Medien Ltd, Leipzig
Druck und Bindung: Print Consult GmbH, München

www.buchverlag-fuer-die-frau.de

Inhalt

„Koche mit Liebe...

würze mit Bino“, sang Manfred Krug Ende der 1960er Jahre. Da gab es im Fernsehen noch die „Tausend Tele Tips“ und Fernsehkoch Kurt Drummer wechselte sich mit Fischkoch Rudolf Kroboth in dem Bemühen ab, neue Produkte und Ideen allen schmackhaft zu machen. Die HO-Selbstbedienungsläden erfreuten sich großer Beliebtheit und man konnte sogar allerlei leckere Dinge in ihnen entdecken.

Die Läden hatten sich seit Beginn der 1960er Jahre gefüllt, die Arbeitszeit wurde kürzer, der Urlaub länger und die Stimmung besser. Auch der Osten genoss nun sein kleines „Wirtschaftswunder“. In den Küchen hielt moderne Haushalttechnik Einzug. Man leistete sich eine neue Küchenmaschine, einen Mixer oder Kühlschrank. Und mit den neuen Geräten für die Küche wurden auch bislang ungewohnte Zubereitungsarten modern. Es wurde nicht einfach nur gekocht, nein, die Frau, die etwas auf sich hielt, frittierte, grillte, gratinierte und servierte mancherlei Bekanntes nun überbacken, in Folie gedünstet oder als Fondue - selbst wenn es nur die immer und überall gegenwärtige Bockwurst war. Jeder probierte Rezepte aus und vor allem bei der Namensgebung war die Kreativität der Hobbyköche erstaunlich: Würstchen kamen im Schlafrock auf den Tisch und Kinder wünschten sich zu Mittag Tote Oma, ohne dass die Familie einen Schock bekam. Pusztasalat oder Habanna-Cocktail gab es zu Räuberspießen und dass für das allseits beliebte Jägerschnitzel nicht ein einziges Reh und auch kein Hirsch, Kaninchen oder Hase sein Leben lassen musste, war allgemein bekannt. Gern nahm man mal ein Ei mehr oder stellte einmal in der Woche Fisch auf jeden Tisch, meist auf knallbuntem Plastegeschirr aus Schkopau angerichtet, denn schließlich versprach die Chemie Brot, Wohlstand und Schönheit – und sei es nur die des Designs und der Kücheneinrichtung.

„Haben Sie geschmackliches Vorstellungsvermögen?“, fragte das Jahrbuch für die Frau seine Leserinnen und lud alle ein, sich als Mitköche zu betätigen. Wieso eigentlich nicht? Probieren wir doch einfach die Lieblingsrezepte der sechziger Jahre aus und lassen uns überraschen, wie sich scheinbar Bekanntes ganz neu, ungewöhnlich und kreativ - eben kultig - variieren lässt.

BINO
Würze
Koche mit Liebe
würze mit
BINO

Alles aus einem Topf
Mal mit, mal ohne Fleisch

Heiß

Heiß ... Alles aus einem Topf

Linsen mit Bratwurst

400 g braune Linsen,
200 g Sellerie,
4-5 Tomaten,
3 Knoblauchzehen,
4 Essl. Öl,
2 Essl. gekörnte Brühe,
3-4 Essl. Weinessig,
Salz,
1-2 Teel. Paprika,
4 Bratwürste

Die Linsen kalt abspülen, über Nacht einweichen, nochmals abspülen und mit frischem, leicht gesalzenem Wasser ca. 1/2 Stunde kochen. Den Sellerie schälen, putzen und in sehr feine Scheiben schneiden (eventuell den Gurkenhobel verwenden). Die Tomaten über Kreuz einritzen, überbrühen, abschrecken und häuten, in Würfel schneiden. Den Knoblauch schälen und fein hacken.
Die Linsen abgießen, dabei das Kochwasser auffangen. Den Sellerie mit dem Knoblauch in heißem Öl andünsten, die Tomaten und offen ca. 10 Minuten köcheln. Linsen und 300 ml Kochwasser sowie die gekörnte Brühe zufügen und zugedeckt nochmals 10 Minuten köcheln. Linsen mit Essig, Salz und Paprika kräftig abschmecken. Die Würste in heißem Öl braten und mit den Linsen servieren.

Tipp:

Wenn es schnell gehen soll, verwenden Sie Tempo-Linsen, die nicht eingeweicht werden müssen – oder Sie nehmen eine Dose Linsen, die müssen nicht mehr gekocht werden.
Statt Bratwurst können Sie auch in Würfel geschnittene Zungen- oder Filetwurst in die Suppe geben und kurz mit erhitzen. Kleine gebratene Hackfleischklößchen schmecken auch sehr lecker.

Im „Konsum" (gebräuchliche Kurzfassung für alle Einrichtungen des Verbandes deutscher Konsumgenossenschaften) konnte man nicht einfach nur einkaufen – nein, jeder Einkauf wurde mit kleinen Rabattmarken belohnt, die in ein eigens dafür vorhandenes Heftchen geklebt wurden und einmal im Jahr gegen bares Geld umgetauscht werden konnten. Vorausgesetzt, man war „Mitglied", und irgendwo musste man schließlich Mitglied sein.

Kunterbunt-Suppe

1 mittelgroße Zwiebel,
2 Broilerbrüste mit Knochen,
1 Lorbeerblatt,
4 Pfefferkörner,
3 Paprikaschoten (rot, gelb, grün),
3 Möhren,
1 Kohlrabi,
Salz, Pfeffer,
100 g Fadennudeln,
100 g Erbsen (Dose oder gefroren),
2 Teel. gekörnte Brühe,
Petersilie

Zwiebel schälen, halbieren. Fleisch waschen. Beides mit Pfefferkörnern und Lorbeerblatt in ca. 1 1/2 l Wasser aufkochen. Zugedeckt etwa 45 Minuten kochen lassen.
Gemüse putzen bzw. schälen, waschen und klein würfeln. Das Fleisch aus der Brühe nehmen, etwas abkühlen lassen. Die Brühe durch ein Sieb geben, salzen und wieder zum Kochen bringen, die Nudeln, das vorbereitete Gemüse und die Erbsen in der Brühe garen. Fleisch von Haut und Knochen lösen und in mundgerechte Stücke schneiden. Wieder in die Suppe geben. Suppe mit Salz, Pfeffer und eventuell etwas gekörnter Brühe abschmecken. Petersilie waschen und fein hacken, vor dem Servieren über die Suppe streuen.

Käsesuppe mit Zungenwürfeln

40 g Margarine,
2 Stangen Porree,
75 g Mehl, Tomatenmark,
1 Teel. Senf,
1 l Brühe, 1/2 l Milch,
125 g geriebener Käse,
Salz, Paprika, Muskat

In der erhitzten Margarine den fein geschnittenen Porree dünsten, das Mehl überstäuben, etwas Tomatenmark, Senf und die heiße Brühe damit verrühren. Alles gut durchkochen lassen, erst dann die Milch und den Käse zugeben und nur noch kurz auf dem Feuer lassen. Mit den Gewürzen abschmecken, nach Belieben etwas Worcestersoße hinzugeben. Als Einlage für die Suppe zum Beispiel klein geschnittenes Zungenfleisch (siehe Rezept Seite 24) verwenden.

Der Chemie verdankte der DDR-Bürger nicht nur Wohlstand und Schönheit, sondern auch die richtige Würze im sozialistischen Küchenalltag.
Die kam aus dem Elektrochemischen Kombinat Bitterfeld und hieß „BINO" – eine Zusammensetzung aus ***Bi****tterfeld* ***No****rd.*
Das ganze erinnerte irgendwie an Maggi, vom Aussehen, vom Geschmack und überhaupt ... Nur heißen durfte die Mixtur nicht so und bekam deshalb diesen einprägsamen Kunstnamen.

Ratsherrensuppe

3 große Zwiebeln,
2 Knoblauchzehen,
6 Essl. Öl,
1 kg Gehacktes (halb und halb),
ca. 700 g Sauerkraut,
140 g Tomatenmark,
1 l Tomatensaft,
1 l Fleischbrühe,
Paprika (edelsüß),
Salz, Pfeffer,
gemahlener Kümmel,
8-10 Gewürzgurken,
1 Bund Petersilie,
300 g saure Sahne

Zwiebeln und Knoblauch schälen und fein würfeln, beides in Öl andünsten. Das Gehackte zugeben und gut durchbraten. Es soll krümelig sein - eventuell zu große Stücke mit einer Gabel zerdrücken. Das Sauerkraut auseinander zupfen und zugeben. Mit Tomatenmark, Tomatensaft und Brühe auffüllen. Mit Paprika, Salz, Pfeffer und Kümmel würzen. Die Suppe aufkochen und dann bei schwacher Hitze etwa 30 Minuten köcheln lassen. Die Gewürzgurken in Scheiben schneiden und zur Suppe geben. Nochmals kräftig abschmecken.

Die Petersilie waschen und fein hacken. Die Suppe in Suppentassen oder -teller geben, mit etwas saurer Sahne und Petersilie anrichten und heiß servieren.

Die angegebene Menge reicht für 10-12 Portionen!

Pilzsuppe

250 g - 375 g gemischte Pilze,
1 kleine Zwiebel,
2-3 Essl. Öl,
2 Essl. Kartoffelbrei,
Salz, Pfeffer,
1 kleines Glas Weißwein,
gehackte Petersilie

Die Pilze säubern und zerkleinern. Die Zwiebel schälen und fein würfeln. Zuerst die Pilze im heißen Öl dünsten, dabei nach und nach die Zwiebelwürfel zugeben. Nach ca. 10 bis 15 Minuten mit 1 Liter kochendem Wasser aufgießen, den Kartoffelbrei unterrühren und auf kleiner Flamme weitere 10 bis 15 Minuten kochen lassen. Die Suppe kräftig mit Salz und Pfeffer abschmecken, mit etwas Wein verfeinern und mit gehackter Petersilie bestreuen.

Der VEB Suppina stellte im vogtländischen Auerbach Fertigsuppen und Würzmittel her. Alles schmeckte irgendwie gleich, was jedoch der Beliebtheit keinen Abbruch tat, zumal die liebenswerte Suppina-Köchin die Marke zu einem Ost-Hit machte, getreu dem Slogan: „Das Beste vom Guten ist Küchenmeisters Art, Suppina-Gerichte so preiswert delikat.“

Faule Weiber

1 Suppenteller Mehl,
3-4 Eier,
Salz, Muskatnuss,
300 g Speck oder Schinkenspeck,
4 Teller heiße, klare Brühe,
frische Kräuter (Petersilie, Schnittlauch, Kerbel, Dill)

Das Mehl in eine Schüssel sieben, eine Mulde in das Mehl drücken und die Eier hineinschlagen, darüber etwas Salz und eine Prise Muskatnuss geben. Eier zuerst mit etwas Mehl verrühren. Dann die Masse zwischen den Händen zu großen Krümeln (Grumpeln) zerreiben. Falls die Masse zu trocken ist, etwas kaltes Wasser zugeben; falls sie zu klebrig ist, etwas Mehl zufügen. Reichlich Wasser zum Kochen bringen und die „Grumpeln" hineingeben. Im siedenden Wasser gar ziehen lassen, bis sie an die Oberfläche steigen. Sofort mit einer Schaumkelle herausnehmen und warm stellen. Den Speck fein würfeln und in einer Pfanne goldbraun ausbraten. Inzwischen Brühe erhitzen und in Suppenteller verteilen, Grumpeln und Speck hineingeben. Mit gehackten frischen Kräutern bestreut servieren.

Störtebeker Suppe

4 Bücklinge (oder anderer Räucherfisch),
75 g Speck,
2 Stangen Porree,
2 Möhren,
500 g Kartoffeln,
1,5 l Brühe,
2 Essl. Tomatenmark,
Majoran, Petersilie,
Salz, Pfeffer

Bücklinge bzw. Räucherfisch häuten, sorgfältig entgräten und in kleine Stücke zerpflücken. Den Speck klein würfeln und in einem Schmortopf auslassen. Den gewaschenen, geputzten und in Ringe geschnittenen Porree zugeben und anschwitzen. Dann die vorbereiteten, in Stifte geschnittenen Möhren und die geschälten, in sehr dünne Scheiben gehobelten Kartoffeln zugeben. Soviel Brühe aufgießen, dass die Flüssigkeit 2-3 cm über dem Gemüse steht. Alles auf kleiner Flamme gar kochen. Die vorbereiteten Fischstücke in einer Pfanne erhitzen, Tomatenmark zugeben und anschwitzen. Den Ansatz mit Majoran und reichlich gehackter Petersilie würzen und in die Suppe geben. Mit Salz und Pfeffer abschmecken.

Das Aluminiumwerk in Fischbach (ALFI) bewarb zu Beginn der 1960er Jahre eine neue, veredelte Topfserie.
Unter dem Slogan „Vom Herd zum Tisch“ wurden Töpfe angeboten, die an Schüsseln und Schalen erinnerten und neben dem energiesparenden Kochen den Vorteil hatten, dass die Speisen in ihnen gleich serviert werden konnten – was allerdings nicht immer den Geschmack der Speisen verbesserte.

Soljanka à la Kurt Drummer

*75 g Speck, 3 Zwiebeln,
50 g gekochter Schinken,
50 g Salami,
50 g Tomatenmark,
50 g Paprikamark,
1/8 l Gewürzgurkenbrühe,
1/8 l Fleischbrühe,
20 g Kapern,
etwas Knoblauch, Pfeffer,
1 Lorbeerblatt,
100 g Gewürzgurken,
50 g Schinken, 50 g Salami,
saure Sahne oder Schmand,
je Portion 1 Scheibe Zitrone*

Speck und geschälte Zwiebel in feine Würfel schneiden. Den Speck in einer Pfanne auslassen, die Zwiebeln zugeben und beides goldgelb anschwitzen. Schinken und Salami in Streifen schneiden und ebenfalls anbraten, heiß in einen ausreichend großen Topf umfüllen. Das Tomaten- und Paprikamark einrühren und nochmals kurz durchschwitzen. Dann mit Gewürzgurkenbrühe und Fleischbrühe auffüllen. Kapern, etwas Knoblauch, Pfeffer und ein Lorbeerblatt zugeben und etwa 20 Minuten auf kleiner Flamme kochen. Die Gewürzgurken und nochmals Schinken und Salami in feine Streifen schneiden und als Einlage in die Suppe geben. Nochmals kurz aufkochen.
Jede Portion mit einem Klecks saurer Sahne (oder Schmand) und einer Zitronenscheibe servieren.

Tipp:

Dies ist keine original russische Soljanka, sondern die gängige Abwandlung, die als Erster Fernsehkoch Kurt Drummer in einer seiner Sendungen vorstellte. Diese einfache Variante erfreute sich in der DDR größter Beliebtheit und wurde je nach Angebot und Geschmack immer wieder individuell abgewandelt. Statt Schinken und Salami können auch Bratenreste, Scheibchen von Bockwurst oder Wiener Würstchen, Jagdwurststreifen oder Bierschinkenwürfel verarbeitet werden.

Nachdem sich herumgesprochen hatte, wie lecker russisches – pardon: sowjetisches – Krebsfleisch aus Dosen, Störkaviar und gezuckerte Kondensmilch, Ölsardinen und anderes mehr waren, brauchte man dafür keine Werbung mehr.

Kartoffel-Hackfleisch-Pfanne

*ca. 500 g Wirsing,
2 Zwiebeln,
2 Essl. Butter,
Salz, Pfeffer, Muskat,
1 Essl. Öl,
400 g Hackfleisch
(vom Schwein oder
halb und halb),
1 Essl. Tomatenmark,
etwas Majoran,
750 g Kartoffeln,
1 Teel. Stärkemehl,
1/8 l Milch,
175 g Schlagsahne,
1 Ei, Semmelbrösel,
5 Scheiben Schinkenspeck*

Wirsing putzen, vierteln und waschen. Strunk entfernen und Kohl in feine Streifen schneiden. Zwiebeln schälen und würfeln. Die Hälfte der Zwiebeln in 1 Essl. heißer Butter andünsten. Den Wirsing zugeben und 3 bis 4 Minuten mitdünsten. Mit Salz, Pfeffer und Muskat würzen.

Öl in einer Pfanne erhitzen und das Hackfleisch darin krümelig anbraten. Die übrigen Zwiebeln zufügen und glasig dünsten. Tomatenmark einrühren und anschwitzen. Mit Majoran und Pfeffer würzen.

Kartoffeln schälen, waschen und in dünne Scheiben schneiden oder hobeln. Die Hälfte der Kartoffeln in einer gefetteten, ofenfesten, runden Form verteilen. Nacheinander Gehacktes, Wirsing und den Rest Kartoffeln darauf geben.

Stärkemehl mit etwas Milch glatt rühren und mit dem Rest Milch, der Sahne und dem Ei verquirlen, würzen und über die Kartoffeln gießen.

1 Essl. Butter zerlassen, Semmelbrösel einstreuen und leicht bräunen. Auf den Kartoffeln verteilen. Den Schinkenspeck in Stücke schneiden und darüber streuen.

Im vorgeheizten Herd bei Mittelhitze ca. 45 bis 50 Minuten backen.

Makkaroni-Auflauf

Die Makkaroni in ausreichend Salzwasser bissfest kochen, abschütten und gut abtropfen lassen. Inzwischen eine ofenfeste Auflaufform ausfetten und mit Semmelbröseln ausstäuben. Ca. 1/3 der Makkaroni in die vorbereitete Form geben. Käse-, Wurst- und Fleischwürfel sowie Gemüse darauf verteilen. Die Schichten wiederholen, bis alle Zutaten verbraucht sind, die oberste Schicht bilden Makkaroni. Die Eier mit der Milch verquirlen, dabei Tomatenmark (wer es etwas schärfer mag, kann auch Paprikamark verwenden) und ca. 2 Essl. Reibekäse einrühren. Die Soße über die Makkaroni gießen. Den Auflauf mit Reibekäse bestreuen. Obenauf kommen Semmelbrösel und Butterflöckchen.
Den Auflauf bei Mittelhitze im vorgeheizten Ofen ca. 30 Minuten backen. Heiß servieren. Dazu passt Tomatensalat.

*250 g Makkaroni,
etwas Öl, Semmelbrösel,
250 g Schnittkäsewürfel,
150 g Jagdwurstwürfel,
150 g Schinkenwürfel oder
harte Wurst oder Kassler,
250 g gares Mischgemüse,
1/4 l Milch, 2-3 Eier,
1 Essl. Tomaten- oder
Paprikamark,
150 g geriebener Käse,
Semmelbrösel,
Butterflöckchen*

Reispfanne

Morgens vor dem Weggehen den gewaschenen Reis in dem Wasser 10 Minuten kochen lassen, von der Flamme nehmen und zudecken. Den Topf mit Zeitungspapier umwickeln und in eine Decke einschlagen.
Vor dem Essen die Tomaten waschen, in Scheiben schneiden und mit klein geschnittener Zwiebel in der erhitzten Margarine in einer Pfanne gut durchschwitzen. Die gewürfelte Jagdwurst zugeben, ebenso den ausgequollenen Reis. Alles rasch durchrühren und mit Paprika und Salz gut abschmecken.

*125 g Reis, 1/2 l Wasser,
3 Tomaten, 1 Zwiebel,
30 g Margarine,
150 g Jagdwurst
oder Schinken,
Paprika, Salz*

Wurstkuchen

250 g Mehl,
150 g Margarine,
1 Ei,
1 Teel. Salz,
1/2 Teel. scharfer Paprika,
50 g Speck,
2 große Zwiebeln,
400 g Jagdwurst, Mortadella oder Römerbraten,
20 g Margarine zum Braten,
3 Eier,
1/8 l saure Sahne oder Joghurt,
1 kleine Dose Paprikamark,
1 Essl. Stärkemehl,
Salz, Paprika,
etwas zerlassene Butter

Aus Mehl, Margarine und dem Ei einen Mürbeteig bereiten, mit Salz und Paprika würzen und mindestens 30 Minuten kalt stellen. Inzwischen die Zwiebeln schälen und wie den Speck in kleine Würfel schneiden. Die Wurst ebenfalls würfeln. Zwiebeln und Speck in etwas Margarine glasig dünsten, die Wurstwürfel zugeben und ebenfalls anbraten. Abkühlen lassen.
Den gekühlten Teig ausrollen und eine gefettete und ausgestäubte Springform damit auslegen, einen ca. 2 cm hohen Teigrand andrücken. Die abgekühlte Wurstmasse gleichmäßig auf dem Teig verteilen. Eier, saure Sahne bzw. Joghurt verrühren, Paprikamark einrühren, mit Salz und Paprika abschmecken, zum Schluss das Stärkemehl einquirlen. Die Soße über die Wurstmasse gießen und alles im vorgeheizten Ofen bei Mittelhitze ca. 40 Minuten backen. Vor dem Auftragen eventuell mit etwas zerlassener Butter bestreichen.

Schichtkraut mit Hack

500 g Hackfleisch,
Salz, Pfeffer,
1 Zwiebel,
Kümmel,
1/2 Weißkraut,
400 ml Brühe,
etwas Schmand

Hackfleisch mit Salz und Pfeffer würzen, die Zwiebel fein würfeln und zugeben, mit gemahlenem Kümmel abschmecken. Das Weißkraut vierteln, Strunk herausschneiden und in feine Streifen hobeln. Den Boden eines Topfes mit einer Schicht Kraut belegen, darauf kommt eine Schicht Hackfleisch – solange wiederholen, bis Kraut und Hackfleisch aufgebraucht sind. Die oberste Schicht muss Kraut sein. Brühe darüber gießen und ca. 45 Minuten auf kleiner Flamme köcheln. Mit Schmand binden.

Wenn Mutti früh zur Arbeit ging, übernahm der fleißige Nachwuchs vor Kindergarten und Schule schnell das bisschen Haushalt ... so jedenfalls suggerierte es ein beliebtes Kinderlied. Helfen beim Abwaschen, Kochen und Saubermachen war allerdings immer angesagt. Da in vielen Familien beide Eltern voll berufstätig waren, mussten in die Hausarbeit Mann und Kind(er) ganz selbstverständlich mit einbezogen werden.

Heiß ... Mal mit, mal ohne Fleisch

Zunge mit Rosinentunke

1 Rinds- oder 2 Schweinszungen, 1-2 Bund Wurzelwerk, 40 g Butter oder Margarine, 40 g Mehl, 1/4 l Brühe, 1/2 l leichter Weißwein, 1 Prise Salz, 100 g Rosinen, 30 g geschälte, gehackte Mandeln, 25 g Zucker, etwas Butter

Die gewaschene und eventuell gewässerte Zunge mit siedendem Wasser bedecken und langsam kochen lassen. Nach etwa 1 Stunde das vorbereitete Wurzelwerk zugeben und das Fleisch zugedeckt gar kochen. Die Zunge sofort kurz in kaltes Wasser legen und die weiße Haut abziehen.

Das Schlundfleisch anderweitig verwenden (zum Beispiel für die Käsesuppe auf Seite 12); das andere Zungenfleisch schräg in Streifen schneiden und die Rosinentunke gesondert dazureichen.

Für die Rosinentunke die Butter erhitzen und das Mehl einrühren, mit der Brühe verkochen, dann den Wein zugießen. Mit Salz abschmecken. Die vorbereiteten Rosinen und Mandeln, den Zucker und etwas Butter unterrühren. Nach Zugabe des Weines darf die Tunke nicht mehr kochen.

Zu diesem Gericht passt am besten Reis.

Tipp:

Wer es kräftiger mag, verwendet statt des Weißweines einen trockenen Rotwein und schmeckt mit Salz und Pfeffer kräftig ab.

Spreewälder Rindslende

300 g Zwiebeln,
ca. 1 kg falsches Rindsfilet (Schulterfilet),
3 Essl. Öl, Salz, Peffer,
2 Essl. gekörnte Brühe,
2 Äpfel,
100 g frischer Meerrettich,
2 Essl. Butter,
1 Essl. Mehl,
200 ml Milch,
100 g Schlagsahne,
1-2 Essl. Zitronensaft

Zwiebeln schälen und in Ringe schneiden. Fleisch waschen und trockentupfen. In heißem Öl rundherum kräftig anbraten, würzen. Die Zwiebelringe zugeben und kurz mitbraten. Brühe in ca. 1/2 l Wasser auflösen und zugießen, aufkochen und zugedeckt bei mittlerer Hitze ca. 1 1/2 bis 2 Stunden schmoren.
Die Äpfel schälen, entkernen und klein schneiden. Meerrettich waschen, schälen und fein reiben. Die Butter erhitzen und die kleinen Apfelstücke darin kurz andünsten. Das Mehl mit etwas Milch verrühren und mit der übrigen Milch sowie der Sahne unter die Äpfel rühren, aufkochen und ca. 3 Minuten köcheln lassen. Den Braten herausnehmen und ca. 5 Minuten ruhen lassen. Den Bratenfond durch ein Sieb streichen und ca. 1/4 l Fond in die vorbereitete Apfelsoße rühren, nochmals aufkochen lassen. Mit Salz, Pfeffer und Zitronensaft abschmecken. Meerrettich unter die Soße rühren (etwas zum Garnieren zurückbehalten). Nach dem Einrühren des Meerrettichs darf die Soße nicht mehr kochen! Den Braten aufschneiden und mit der Soße anrichten. Mit dem restlichen Meerrettich bestreuen. Dazu schmecken Salzkartoffeln.

Jägerschnitzel

4 dicke Scheiben Jagdwurst oder Bierschinken,
100 g Mehl, 1 Ei,
Semmelbrösel,
Öl zum Braten

Jagdwurstscheiben in Mehl, dann in verschlagenem Ei und zuletzt in Semmelbröseln wenden. Brösel fest andrücken.
In einer Pfanne in heißem Öl knusprig braun braten und sofort servieren. Dazu passen – ganz klassisch – Makkaroni mit Tomatensoße, aber auch Kartoffelsalat.

Blitzgulasch

500 g Kartoffeln,
3 große Möhren,
1 große Zwiebel,
1-2 Essl. Öl,
6 Bratwürstchen,
2 Essl. Tomatenmark,
1 gehäufter Essl. Mehl,
1 Teel. gekörnte Brühe,
Salz, Peffer, Petersilie

Kartoffeln und Möhren schälen und waschen. Möhren in Scheiben, Kartoffeln in Stücke schneiden. Die Zwiebel schälen und grob würfeln. Das Öl in einem Schmortopf erhitzen. Die Würstchen jeweils dritteln und im heißen Öl ca. 3 Minuten goldbraun braten. Herausnehmen und zur Seite stellen. Kartoffeln, Möhren und Zwiebeln im Bratfett kräftig anbraten. Tomatenmark einrühren, alles mit Mehl bestäuben und kurz anschwitzen. Die Brühe in ca. 3/4 l Wasser auflösen und zugießen. Aufkochen und ca. 15 Minuten garen lassen. Dann die Würstchen wieder zugeben. Alles nochmals durchkochen. Gulasch mit Salz und Pfeffer abschmecken und mit gehackter Petersilie bestreut servieren.

Letschogulasch

500 g Schweinefleisch,
1-2 Essl. Schweineschmalz,
1/2 Teel. Edelsüß-Paprika,
2 Teel. Mehl,
1/2 Glas Letscho,
1 Teel. Salz

Das Schweinefleisch in Würfel schneiden (vorhandene Fettstücke klein schneiden und zum Anbraten verwenden). Das Schweineschmalz in einer Pfanne zerlassen, eventuell Fettstücke vom Fleisch mit ausbraten. Das Gulaschfleisch im heißen Fett scharf anbraten. Mit Paprika bestäuben und Mehl darüber streuen. Wenn das Mehl hellbraun ist, mit etwas kochendem Wasser ablöschen und verrühren, nochmals Wasser zugießen und aufkochen lassen. Den Bratenfond einschmoren lassen, wieder Wasser zugießen, mehrmals wiederholen. Dann das Letscho zufügen und schmoren lassen, bis das Fleisch gar ist. Mit Salz abschmecken. Dazu Makkaroni oder Spaghetti servieren.

Zwar schloss sich 1961 sehr nachdrücklich das Tor in den „goldenen Westen", doch der DDR-Bürger machte sich auf, die „Bruderländer" des Ostens zu erkunden. Auch Essgewohnheiten wurden gern übernommen. Alles, was mit Paprika zubereitet wurde, bekam das Etikett ungarisch, russische Soljanka wurde fast zum Nationalgericht und tschechisches Pilsner wog man beinah mit Trabantersatzteilen auf.

Räuberspieße

350 g Schnitzelfleisch,
1 große Zwiebel,
50 g Schinken- oder Paprikaspeck,
2 rote Paprika,
4 Essl. Rotwein, 1 Essl. Essig,
1 Knoblauchzehe,
1 Prise Thymian,
Salz, Pfeffer, Öl

Das Fleisch in Würfel schneiden, die Zwiebel vierteln und in Spalten teilen. Die Paprikafrüchte und Speck in Scheiben schneiden, alle Zutaten abwechselnd auf Spieße stecken.
Die Spieße etwa 1 Stunde in eine Marinade aus 1/8 Liter Wasser, Rotwein, Essig, zerdrücktem Knoblauch, Thymian, Salz und Pfeffer legen. Danach herausnehmen, gut abtropfen lassen (eventuell etwas trockentupfen), mit Öl einpinseln und ca. 15 Minuten grillen.
Sie können die Spieße natürlich auch in der Pfanne braten, dabei häufig wenden.
Servieren Sie dazu Reis und einen Paprikasalat.

Senffleisch

600 g Rindfleisch,
Salz, Pfeffer, Kümmel,
1 zerstoßene Nelke,
1 Essl. getrockneter Sellerie (fein zerstoßen),
3 Zwiebeln, 1 Salatgurke,
3 Scheiben Schwarzbrot,
2 Essl. scharfer Senf,
frische Kräuter

Das Fleisch waschen, in Würfel schneiden, mit Salz, Pfeffer und Kümmel würzen. In einem Topf mit so viel Wasser ansetzen, dass das Fleisch knapp bedeckt ist. Nelken, Sellerie und klein geschnittene Zwiebeln zugeben und zugedeckt garen lassen.
Salatgurke waschen und in kleine Würfelchen schneiden. Das Brot fein hacken. Beides zum Fleisch geben, wenn es fast gar ist. Alles aufkochen und nochmals köcheln lassen, bis die Soße sämig ist. Den Senf einrühren, abschmecken und die gehackten Kräuter dazugeben. Mit Kartoffelbrei oder Reis servieren.

Die 1960er Jahre erfreuten die „sozialistische Menschengemeinschaft" mit den ersten Plattenbauten.

Wohnungen waren Mangelware wie vieles andere auch und eine Neubauwohnung schon Jahre vor dem Wohnungsbauprogramm ein Glücksfall – nur vergleichbar einem Fünfer im Lotto. Dafür wurde dann auch schon mal geheiratet, um in der Warteliste nach vorn zu rutschen.

Doppelrolle

2 große Rindsrouladen,
Salz, Pfeffer,
Paprika, Senf,
2 kleine Zwiebeln,
2 dünne Scheiben Speck,
2 dünne Schweineschnitzel,
2 Knackwürste,
1 Essl. Mehl,
Fett zum Braten,
1 Glas trockener Rotwein,
1 Teel. Stärkemehl

Die Rouladen waschen und trockentupfen. Mit Salz, Pfeffer und Paprika einreiben und dünn mit Senf bestreichen. Die Zwiebeln schälen und in dünne Ringe schneiden, den Speck in schmale Streifen schneiden. Auf jede Roulade jeweils Zwiebeln und Speckstreifen verteilen. Leicht andrücken.

Die Schweineschnitzel ebenfalls waschen, trockentupfen und leicht klopfen (sie müssen kleiner als die Rouladen sein), dann auf die vorbereiteten Rouladen legen. Die Schale von den Knackwürsten ziehen, Würste eventuell auf Länge schneiden und auf die Rouladen geben. Rouladen fest aufrollen und mit Faden oder Rouladennadeln befestigen. Rouladen in etwas Mehl wenden und in heißem Fett kräftig anbraten. Etwas heißes Wasser aufgießen, wenn es verkocht ist, wieder Wasser nachgießen, das mehrmals wiederholen. Die Rouladen zugedeckt gar schmoren. Das fertige Fleisch aus dem Bratenfond nehmen, kurz ruhen lassen und in dicke Scheiben schneiden.

1 Teel. Stärkemehl in etwas Rotwein anrühren und den Fond damit binden. Die Soße abschmecken und den restlichen Rotwein zugeben. Dazu passen Kartoffeln und Rotkraut.

Tote Oma

150 g Speck, 2 Zwiebeln, 500 g Grütz- oder Blutwurst, Fleischbrühe, Semmelbrösel, Majoran, Salz, Pfeffer

Die Zwiebeln schälen und wie den Speck in feine Würfel schneiden. Zuerst den Speck in einer flachen Pfanne ausbraten, dann die Zwiebeln hinzugeben und anschwitzen. Die Grütz- oder Blutwurst zuerst in dicke Scheiben und dann in Würfel schneiden, in die Pfanne geben und unter Rühren anbraten. Wenn die Wurst zu zerfallen beginnt, soviel Brühe aufgießen, dass eine breiige Masse entsteht, diese unter ständigem Rühren aufkochen. Mit Semmelbröseln andicken und gut mit Majoran, Salz und Pfeffer würzen. Heiß mit Stampfkartoffeln (Kartoffelbrei) und Sauerkraut servieren.

Beamtenstippe

50 g Fett zum Braten, 50 g Butter, 2 Tassen Zwiebelwürfel, 300 g Hackfleisch (halb und halb), 1 Essl. Mehl, 1/2 Tasse Wasser, 1 Teel. gekörnte Brühe, Salz, Pfeffer, Paprika

In einer Pfanne Fett und Butter erhitzen und die Zwiebelwürfel darin anbräunen. Das Hackfleisch zugeben und unter ständigem Rühren krümelig braten. Alles mit Mehl bestäuben und mit Wasser ablöschen. Danach soviel Wasser zugeben, bis ein (nicht zu dünner) Fleischbrei (Haschee) entsteht. Das Gericht kräftig mit gekörnter Brühe, Salz, Pfeffer und Paprika abschmecken.
Mit frischen Pellkartoffeln und Gewürzgurken servieren.

Pikante Nierchen

500 g Schweinsnieren,
1 Zwiebel,
Fett zum Braten,
2 Essl. Mehl,
1/2 l kochende Brühe,
1 Gewürzgurke,
Salz, Pfeffer, Zucker

Die Schweinsnieren längs halbieren, die Röhren (großzügig) entfernen, gründlich waschen und anschließend mindestens zwei Stunden wässern (besser noch über Nacht, es empfiehlt sich, dem Wasser etwas milden Essig oder Zitronensaft zuzusetzen; Wasser öfters wechseln). Die gewässerten Nieren in Scheiben schneiden, eventuell verbliebene Röhrenreste noch entfernen. Die Zwiebel in feine Würfel schneiden. Nierchen und Zwiebeln in heißem Fett anbraten. Das Mehl darüber streuen und unter Rühren leicht bräunen lassen, nach und nach die kochende Brühe zugießen. Die Nieren zugedeckt gar schmoren lassen. Eine kleine, in feine Würfel geschnittene Gewürzgurke dazugeben, mit Salz, Pfeffer und etwas Zucker abschmecken. Wer mag kann auch mit Edelsüßpaprika oder etwas Senf würzen. Dazu schmecken Reis oder Kartoffelbrei.

Zwiebelbraten

500 g Zwiebeln,
4 Scheiben Rinderlende
(je etwa 200 g),
Salz, Pfeffer,
Mehl,
100 ml Öl,
Petersilie

Zwiebeln schälen und in Ringe schneiden. Fleischscheiben waschen, trockentupfen, mit der Hand flachdrücken. Jede Seite mit Pfeffer würzen. Fleisch in Mehl wenden, überschüssiges Mehl gut abklopfen. Die Hälfte des Öls in einer großen Pfanne erhitzen. Zwiebeln darin bei mittlerer Hitze ca. 15 Minuten goldbraun braten.
Das übrige Öl in einer weiteren Pfanne stark erhitzen. Fleischscheiben bei mittlerer Hitze beidseitig braten, erst jetzt salzen. Das Fleisch auf Teller geben und mit den Zwiebelringen belegen. Mit Petersilienzweigen garnieren. Dazu schmecken Makkaroni, aber auch ein herzhafter Kartoffelbrei.

Der moderne Mensch trug auch im Sozialismus moderne Kleidung. Die war natürlich aus modernen Kunstfasern – Chemie und Schönheit, wir erinnern uns. Zum Glück sorgte die Chemie auch gleich für die richtigen Pflegeprodukte.

Schaschlyk

250 g Leber,
250 g Schweinefilet,
250 g Rinderfilet,
2 Essl. Zitronensaft,
Öl, Salz, Peffer, Paprika,
1/2 Teel. Dill, 6 Essl. Rotwein,
Speisewürze (Maggi),
1/2 Teel. Basilikum,
125 g Räucherspeck,
6 Zwiebeln

Die Leber säubern und wie das Schweine- und Rinderfilet in mundgerechte Würfel schneiden. Zitronensaft, 2 Esslöffel Öl, Salz, Pfeffer, Paprika und Dill verrühren und die Schweinefleischwürfel hineingeben. 3 Esslöffel Rotwein mit 3 Esslöffel Öl, Salz, Peffer und einigen Tropfen Speisewürze verrühren und die Rindfleischwürfel hineingeben. Den restlichen Rotwein mit 2 Esslöffel Öl, Basilikum und Pfeffer verrühren und über die Leberstückchen gießen. Alles ca. 1/2 Stunde in der Marinade ziehen lassen. Den Räucherspeck in dünne Scheiben schneiden, die Zwiebeln schälen und vierteln. Fleischwürfel, Leberstücke, Speck und Zwiebel abwechselnd auf lange Schaschlykspieße stecken. Die fertigen Spieße nochmals mit Öl bestreichen, dann auf einen gefetteten Grillrost legen. Die Schaschlyks von jeder Seite ca. 3 Minuten grillen, bis sie knusprig braun sind.

Wurstschaschlyk

300 g Kochsalami
(oder Bierschinken),
2 Gewürzgurken,
2 Zwiebeln, 2 Essl. Öl,
Edelsüßpaprika

Stücke von Kochsalami (oder Bierschinken) abwechselnd mit Zwiebel und Gewürzgurke auf Schaschlykspieße stecken, mit etwas Paprika bestreuen und in Öl knusprig braten. Dazu schmeckt Kartoffelsalat.

Für die Schaschlyks können auch geschnittene Bockwürste oder Wiener Würstchen verwendet werden, je nach Geschmack können noch Paprikastücke und/oder Speckwürfel mit aufgespießt werden.

Falscher Hase

*2 altbackene Brötchen,
Milch, 2 Eier,
2 kleine Zwiebeln,
750 g Hackfleisch
(halb und halb),
2 Essl. Bratfett,
5 große Zwiebeln,
Salz, Pfeffer*

Die Brötchen in etwas Milch einweichen, ausdrücken und zerpflücken. Die kleinen Zwiebeln schälen, in Würfelchen schneiden, mit den Eiern und den vorbereiteten Brötchen zum Hackfleisch geben, mit Salz und Pfeffer würzen, alles gut vermengen. Aus der Masse mit bemehlten Händen einen „falschen Hasen" formen und bei mittlerer Hitze in der Pfanne von allen Seiten schön braun braten. Dabei öfter den Bratensaft über den Hackbraten geben. Inzwischen die großen Zwiebeln schälen und in feine Ringe hobeln. Den fertigen Braten aus der Pfanne nehmen. Die Zwiebelringe im verbliebenen Bratfett knusprig braten, eventuell 1-2 Esslöffel Wasser zugeben. Den Falschen Hasen in dicke Scheiben schneiden, auf Kartoffelbrei anrichten und mit den Zwiebelringen belegen. Heiß servieren.

Bunte Katze

*600 g Kartoffeln,
3 große Zwiebeln,
3 Essl. Bratfett,
400 g Schweinefleisch
(Kamm- oder Bauchfleisch),
Kümmel, Salz, Pfeffer*

Die Kartoffeln schälen, in Stücke schneiden und in Salzwasser sehr weich kochen. Abgießen (etwas Wasser auffangen) und zu Quetschkartoffeln zerstampfen, dabei etwas heißes Kochwasser zugeben. Während die Kartoffeln kochen, die Zwiebeln schälen und in Ringe schneiden. Die Zwiebelringe in etwas heißem Fett langsam goldbraun rösten. Die fertigen Zwiebelringe mit den Quetschkartoffeln vermischen. Das Schweinefleisch vorbereiten und grob hacken. Gut mit Kümmel, Salz und Pfeffer würzen. Eine flache Bratpfanne gut einfetten, eine Schicht Kartoffelmus darauf geben, dann die Fleischmasse darüber geben und die Pfanne im vorgeheizten Ofen solange backen, bis die Fleischkruste schön knusprig ist.

Würzfleisch

1/4 l Essigwasser,
1 Wurzelwerk,
1 große Zwiebel,
3 Gewürzkörner,
2 Nelken,
750 g Schweinekamm,
Salz, Majoran,
etwas Fett zum Braten,
3/8 l heiße Brühe,
1 Essl. Mehl,
1/8 l saure Sahne,
scharfer Senf

Das Wurzelwerk putzen und klein schneiden, die Zwiebel schälen und vierteln. Das klein geschnittene Wurzelwerk, Zwiebel und Gewürze in Essigwasser zum Kochen bringen und nach mehrfachem Aufwallen durch ein Sieb gießen. Den Schweinekamm gründlich waschen, trockentupfen und mit Salz und Majoran einreiben. Das Fleisch in die heiße Marinade geben und solange dünsten, bis die Flüssigkeit verdampft ist. Das Fleisch kurz von allen Seiten im eigenen Fett anbraten, eventuell etwas Fettigkeit zugeben. Nach und nach die Brühe aufgießen. Das Mehl mit der sauren Sahne verrühren und wenn das Fleisch gar ist, den Fond damit binden. Die Soße kräftig mit Senf abschmecken. Das Fleisch in Scheiben schneiden und mit der Soße zu Salzkartoffeln oder Klößen servieren.

Bunte Gemüseschüssel

1 kleiner Blumenkohl,
4 junge Kohlrabi,
375 g junge Erbsen,
Fett für die Form,
200 g Jagdwurst
oder Mortadella,
1/2 l Tomatensoße
(Fertigprodukt),
100 g Reibekäse

Das vorbereitete Gemüse in leicht gesalzenem Wasser gar dünsten. Inzwischen eine feuerfeste Form fetten und mit der in feine Streifen geschnittenen Wurst auslegen. Das abgetropfte Gemüse bunt darauf verteilen und die Tomatensoße darüber gießen, mit dem Reibekäse bestreuen und offen im vorgeheizten Ofen bei Mittelhitze überbacken, bis der Käse geschmolzen ist. Dazu schmecken neue, in zerlassener Butter geschwenkte Kartoffeln.

Für Obst und Gemüse war die „Wirtschafts-vereinigung Obst - Gemüse - Speisekartoffeln“ verantwortlich – und der rührige Kleingärtner, der die Früchte seiner Arbeit zu den Sammelstellen brachte, damit alle etwas davon hatten. Dennoch beschränkte sich das Angebot meist auf Weiß- und Rotkraut, Porree, Zwiebeln, Rote Rüben, Möhren, Äpfel und – je nach Jahreszeit – Kirschen und Pflaumen.

Kräuterblumenkohl

1 großer Blumenkohl, Salz, 2 Teel. gekörnte Brühe, 1-2 Essl. Butter, 2 Essl. Mehl, 1 großes Bund Schnittlauch, 2-3 Zweige Petersilie, Saft von 1/2 Zitrone, 200 g saure Sahne, weißer Pfeffer

Kohl von Strunk und Blättern befreien. In eine Schüssel mit kaltem Wasser legen und ca. 1 Stunde ruhen lassen. Reichlich Salzwasser zum Kochen bringen. Kohl hineingeben und in ca. 20 bis 25 Minuten bissfest garen. Kohl aus dem Wasser heben, warm stellen. Vom Kochsud 1/2 l abmessen, mit Brühe mischen. Butter zerlassen, Mehl einrühren. Unter Rühren mit Brühe aufgießen, köcheln lassen. Schnittlauch waschen, trockenschütteln, fein schneiden. Mit Zitronensaft und gehackter Petersilie unter die Soße mischen. Sahne unterheben, mit Salz und Pfeffer würzen. Kohl mit Soße servieren.

Blumenkohlauflauf

200 g Reis, 3 Essl. Margarine, 6 Tomaten, 150 g Schinkenwurst, Salz, Glutal, Muskat, 1 großer Blumenkohl, Petersilie, 4 Eier, 1/4 l Milch, 3 Essl. Semmelmehl, 125 g Reibekäse,*

Den Reis nicht zu weich kochen, abspülen und in eine mit Margarine gefettete Auflaufform geben. Grobe Würfel von abgezogenen Tomaten (ohne Kerngehäuse) und kleine Scheibchen Schinkenwurst untermischen und alles mit etwas Salz, geriebener Muskatnuss und Glutal würzen. Den Blumenkohl putzen, roh in kleine Röschen schneiden, nicht zu weich dünsten, abkühlen lassen, unter die gewürzte Reismischung geben und mit reichlich Petersilie bestreuen. Die Eier mit Milch, einem Esslöffel Semmelmehl und einem Esslöffel Reibekäse verquirlen, mit Salz, Glutal und Muskat leicht würzen, über den vorbereiteten Auflauf gießen, mit einer Mischung von Semmelmehl und Reibekäse bestreuen, einige Margarineflöckchen obenauf setzen und im vorgeheizten Ofen etwa 10 Minuten überbacken. (Statt Blumenkohl können Sie auch jungen Kohlrabi, junge Möhren, Rosenkohl oder gekochte Schwarzwurzeln verwenden).

** Glutal war ein Geschmacksverstärker; Sie können dafür z. B. „Fondor“ verwenden.*

Grüne Paprikaschoten

Von den Paprikaschoten den Stiel abschneiden, die Samen herausschaben und die Schoten gründlich waschen. Das Brötchen einweichen, fest ausdrücken. Die Pilze putzen, waschen und fein wiegen. Das Hackfleisch mit dem Brötchen, den Pilzen, Salz, Pfeffer und dem Ei vermengen und in die vorbereiteten Schoten füllen. Die Paprikaschoten in eine gefettete Pfanne setzen, die Brühe dazugeben und zugedeckt weich dünsten.
Für die Tomatensoße die gewaschenen Tomaten und die geschälte Zwiebel in Stücke schneiden, beides in einem Topf mit Wasser weich dünsten, danach durch ein Sieb schlagen. Das Fett in einer Pfanne erhitzen, Mehl darin anschwitzen, den Tomatensaft zugeben und unter ständigem Rühren aufkochen. Dazu Reis servieren.

8 Paprikaschoten,
200 g Gehacktes,
1 altbackenes Brötchen,
200 g Pilze,
1 Ei, Salz, Pfeffer,
30 g Fett, 1/8 l Brühe,
500 g Tomaten,
1 Zwiebel, Salz,
1/8 l Wasser,
30 g Fett, 30 g Mehl,
Zucker, Paprika oder Pfeffer

Schmorgurken

Die Gurken putzen, waschen und schälen, längs halbieren. Mit einem Esslöffel die Kerne entfernen. Dann die Gurken quer in dicke, mundgerechte Scheiben schneiden.
Den Speck würfeln und in einer Pfanne ausbraten, die Gurkenscheiben dazugeben und kurz anschwitzen, mit Brühe auffüllen und mit etwas Ketchup, Salz und Pfeffer würzen. Die Schmorgurken kurz köcheln lassen (sie sollen noch „Biss" haben), dann die Sauce mit Mehl binden und das Gericht zu Petersilienkartoffeln servieren.

3 große, gelbe Gurken,
Fett zum Braten,
50 g Speck, 1/4 l Brühe,
2-3 Essl. Ketchup,
Salz, Pfeffer,
1/2 Essl. Mehl

Karussell der Leckerbissen

Verführerisch angemacht

Kalt

Kalt ... Karussell der Leckerbissen

Schlemmerbrötchen

12 frische Brötchen,
1 rote und 1 gelbe Paprikaschote,
200 g Schnittkäse,
600 g Gehacktes,
150 g Reibekäse

Die Brötchen waagerecht durchschneiden. Für den Belag die Paprika putzen, waschen und in feine Würfel schneiden. Den Schnittkäse ebenfalls fein würfeln, das Hackfleisch mit den Paprika- und Käsewürfeln vermengen und die Masse auf den Brötchenhälften verteilen. Die Brötchen auf ein Backblech legen, mit dem Reibekäse bestreuen und im vorgeheizten Ofen etwa 15 Minuten überbacken.

Zervelata

12 Zervelatwurstscheiben,
Mehl, 4 Essl. Öl,
2 Eier, Bratfett,
1 kleines Glas Mayonnaise,
2 Äpfel,
ca. 100 ml Kaffeesahne,
1 kleine Apfelsine,
etwas Zitronensaft, Salz

Die Zervelatwurstscheiben in Mehl und danach in den mit dem Öl verschlagenen Eiern wenden. In heißem Fett auf beiden Seiten goldbraun braten. Aus der Mayonnaise, geriebenen Äpfeln und Kaffeesahne eine Tunke bereiten, mit Zitronensaft und Salz abschmecken, die klein geschnittene Apfelsine unterrühren und zu den Zervelata servieren. Dazu Weißbrot und einen grünen Salat reichen.

Statt Mayonnaise können Sie auch einen Becher Crème fraîche oder Joghurt für den Dip verwenden.

1967 wurde der Sonnabend arbeitsfrei und plötzlich waren lange Wochenenden angesagt. Die freie Zeit wollte genutzt sein und der Begriff der „sinnvollen Freizeitgestaltung“ eroberte sich einen Platz im realsozialistischen Sprachgebrauch.

Warmes Eckchen

Schweinebraten,
Schweinebratensoße,
2 Scheiben Schwarzbrot

Von einem fertigen Schweinebraten werden die beiden Randstücke abgeschnitten und in etwas Bratensoße erwärmt. Die warmen Bratenstücke werden auf eine Brotscheibe gelegt und mit der Bratensoße übergossen. Diese „warmen Ecken" serviert man mit einem grünen Salat und kühlem Bier.
Sie können natürlich auch Schweinebratenreste, die vom Mittag übrig sind, am Abend in der Soße erwärmen, auf Brotscheiben legen und die restliche Soße darauf verteilen.

Feines Würzfleisch

500 g mageres Fleisch
(Schwein oder Geflügel),
1 l Brühe, 1 Zwiebel,
1 Lorbeerblatt,
Piment, Salz, Pfeffer,
2 Essl. Butter, 2 Essl. Mehl,
etwas Weißwein,
Saft von 1/2 Zitrone,
Worcestersoße,
150 g Reibekäse,
4 Scheiben Toastbrot,
4 Zitronenscheiben

Das Fleisch waschen, salzen und pfeffern und in der Brühe mit Zwiebel, Lorbeerblatt und Piment zum Kochen bringen. Wenn das Fleisch weich ist, aus der Brühe nehmen und abkühlen lassen. Wenn es ausgekühlt ist, das Fleisch in feine Würfel schneiden (Geflügel vorher enthäuten und von den Knochen lösen).
Etwas Brühe durch ein Sieb geben und für die Soße zur Seite stellen. In einer Pfanne die Butter erhitzen und das Mehl darin bräunen, mit Brühe ablöschen und unter ständigem Rühren weitere Brühe zufügen. Aufkochen lassen. Dann mit Weißwein, Zitronensaft, Worcestersoße, Salz und Pfeffer würzig abschmecken. Das Fleisch in die Soße geben und nochmals erhitzen. Die Soße darf nicht zu dünn sein und es darf auch im Verhältnis zu den Fleischstückchen nicht zu viel Soße sein. Dann das Würzfleisch in feuerfeste Förmchen füllen, mit Käse bestreuen und im Ofen überbacken, bis der Käse schmilzt. Mit Toastbrot und Zitronenscheiben servieren.

Dass der Sozialismus siegt, stand außer Frage. Nur leider war der Kampf gegen Fliegen, Mücken und andere Kleinstlebewesen nicht immer von Erfolg gekrönt. Zum Trost erfreuten „Mux" und „Flibol" ihre Kundschaft mit hübschen Anzeigen.

Käseröllchen auf Brottalern

350 g Quark,
frische Kräuter (z. B. Dill, Petersilie, Kresse),
2 Zwiebeln,
50 g roher Schinken,
80 g fester Schnittkäse,
2 hart gekochte Eier,
1 Bund Schnittlauch, in Röllchen geschnitten,
Salz, Pfeffer,
Paprika oder Currypulver,
6 Scheiben Schnittkäse,
80 g Butter,
1 Schwarzbrot

Den Quark in eine Schüssel geben. Die Zwiebeln schälen und fein würfeln. Die Kräuter waschen und fein hacken bzw. schneiden. Schinken und Schnittkäse ebenfalls fein würfeln. Die Eier abschälen und in kleine Würfel schneiden. Alles mit den Schnittlauchröllchen zum Quark geben und vermischen. Mit Salz, Pfeffer und Paprika oder Curry kräftig abschmecken.
Von den Käsescheiben die Rinde entfernen. Die Quarkmasse auf die Käsescheiben streichen und dann die Scheiben von der kürzeren Seite her fest aufrollen. In ein ausreichend großes Stück Butterbrotpapier fest einwickeln und kühl stellen.
Das Schwarzbrot in Scheiben schneiden und mit Hilfe eines Glases (ø ca. 4 cm) etwa 60 Brottaler ausstechen. Diese dünn mit Butter bestreichen. Die gut gekühlten Käseröllchen mit einem scharfen Messer in etwa 1 cm dicke Scheiben schneiden und auf die Schwarzbrottaler setzen. Jeweils zwei bis drei Taler zu Türmchen zusammensetzen (dabei unten immer Brot und oben immer ein Käseröllchen).

Die angegebene Menge reicht für etwa 60 Stück.

Tipp:

Sie können statt Quark auch Frischkäse verwenden und diesen nach Geschmack kombinieren - Frischkäse pur mit Kräuter- oder Meerrettichfrischkäse zum Beispiel. Außerdem finden Sie heute im Supermarkt fertige Schwarzbrot- oder Pumpernickeltaler, mit denen dieser Partyspaß ganz schnell bereitet ist. Statt Butterbrotpapier sollten Sie Alufolie nehmen. Käsetaler können Sie schon 1-2 Tage vor dem Verzehr zubereiten und kühl stellen.

Wurst im Mantel

Aus den Eiern, Bier und Mehl einen Teig bereiten, mit Salz und Paprika abschmecken. Die Würste längs halbieren, die Schnitthälften mit Paprikamark bestreichen und in den Ausbackteig tauchen. In heißem Öl oder der Fritteuse ausbacken.
Auf Küchenpapier abtropfen lassen und mit Salat servieren.

4 Bockwürste,
2 Eier, 3/8 l Bier,
200 g Mehl,
Salz, Paprika,
Paprikamark, Öl

Würstchen im Schlafrock

Aus den Kartoffeln, Mehl, Stärkemehl und Eiern einen Teig bereiten, mit Salz und Muskat abschmecken. Den Teig ausrollen und in gleichmäßig große Stücke schneiden, die der Wurstgröße entsprechen. Die einzelnen Teigplatten mit einem Gemisch aus gebratenen Speckwürfelchen und Semmelbröseln bestreuen. Die Würstchen eventuell häuten und mit etwas Senf bestreichen. Die vorbereiteten Würstchen auf die Teigplatten setzen und mit dem Teigmantel komplett umschließen. Die fertigen Würstchen mit Ei bepinseln und auf ein gefettetes (oder mit Backpapier ausgelegtes) Backblech geben. Im vorgeheizten Ofen bei guter Mittelhitze goldbraun backen.

250 g gekochte geriebene Kartoffeln,
150 g Weizenmehl,
50 g Stärkemehl,
Salz, Muskat, 1-2 Eier,
gebratene Speckwürfelchen,
Semmelbrösel, Senf,
4 Bockwürste oder
8 Wiener Würstchen

Tipp:

Einfacher geht es mit fertigem Blätterteig. Blätterteigscheiben auftauen lassen. Die Würstchen damit umschließen und mit Ei bepinseln. Auf ein Backblech setzen und im vorgeheizten Ofen bei ca. 180° C goldbraun backen.

Schweizer Käsehappen

4 dünne Scheiben Weiß- oder Toastbrot, Butter,
4 Scheiben Schnittkäse, z. B. Emmentaler,
4 Spiegeleier,
3 Essl. Reibekäse

Das Brot dünn mit Butter bestreichen und mit je einer Käsescheibe belegen. Auf jede Brotscheibe ein Spiegelei setzen (eventuell vorsichtig der Brotform anpassen). Mit dem Reibekäse bestreuen und auf ein gefettetes Backblech setzen (Sie können auch Backpapier verwenden). Im vorgeheizten Ofen so lange erhitzen, bis der Käse zu schmelzen beginnt. Mit Mixed Pickles oder in einem grünen Salatblatt anrichten.

Letkisshappen

250 g gekochter Schinken,
2 hart gekochte Eier,
2-3 Scheiben sauer eingelegter Sellerie und etwas Saft (Konserve),
2-3 Essl. saure Sahne,
Salz, Zucker, etwas Öl,
Toastscheiben,
Salat, Petersilie,
Nüsse zum Garnieren

Den gekochten Schinken und das Weiße der Eier fein würfeln, die Selleriescheiben ebenfalls in kleine Würfelchen oder feine Streifen schneiden. Alles miteinander vermischen. Die Eigelb zerdrücken und mit etwas Selleriesaft, saurer Sahne und wenig Öl zu einer glatten Creme verrühren. Mit den anderen Zutaten gut vermischen. Alles auf mit Salatblättern belegten Toastscheiben anrichten und mit gehackten Nüssen und Petersilie bestreuen.

Statt Schinken können auch Geflügelfleisch und/oder Jagdwurst verwendet werden.

Pikante Förmchen

Das Fleisch in kleine Würfel schneiden, den Apfel schälen, entkernen und ebenfalls klein würfeln. Butter erhitzen und Mehl in der Butter anschwitzen, nach und nach Brühe und saure Sahne einrühren und die Kapern zugeben, mit Salz und einer Prise Pfeffer abschmecken. Fleisch- und Apfelwürfel in feuerfesten, gefetteten Förmchen verteilen, mit der dicken Soße übergießen. Geriebenen Käse, ein wenig Semmelbrösel und Butterflöckchen darauf geben und im heißen Ofen etwa 15 Minuten überbacken. Mit Zitronenachteln garnieren und heiß mit frischem Toast servieren.

*250 g gares Kalb-,
Geflügel- oder mageres
Schweinefleisch,
1 säuerlicher Apfel,
25 g Butter, 25 g Mehl,
1/4 l Brühe,
1/8 l saure Sahne,
1 Essl. gehackte Kapern,
Salz, Pfeffer, Reibekäse,
Semmelbrösel,
Butterflöckchen*

Sorbische Schälchen

Die Zervelatwurst in kleinste Würfel schneiden, das Weißkraut in sehr feine Streifen hobeln oder schneiden. Alle Zutaten miteinander vermischen, durchziehen lassen und portionsweise in kleinen Schälchen anrichten.

*200 g Zervelatwurst,
1 kleines Weißkraut,
Salz, 3 Essl. Öl,
4 Essl. Joghurt, Zitronensaft,
1 Essl. gehackter Schnittlauch,
1 Essl. gehackte Petersilie*

Schinkentütchen

8 Scheiben Schinken,
2 Essl. Meerrettich,
Salz, Zucker,
Zitronensaft,
1/8 l süße Sahne

Die Schinkenscheiben (am besten eignet sich gekochter Schinken) eventuell halbieren und zu Tütchen aufrollen. Den geriebenen Meerrettich mit Zucker, Salz und Zitronensaft sehr kräftig abschmecken. Die Sahne steif schlagen und den vorbereiteten Meerrettich vorsichtig unterheben. Die Schinkentütchen mit der Meerrettichsahne füllen und auf einem Salatbett anrichten.

Tatarscheiben

4 Scheiben Misch- oder Weißbrot,
20 g Margarine,
4 Teel. Senf,
200 g Geschabtes,
1 kleine Zwiebel,
Salz, Bratfett

Das Brot mit Margarine und Senf bestreichen. Das Geschabte mit der in feine Würfel geschnittenen Zwiebel und Salz mischen. Wer möchte, kann es auch mit etwas Pfeffer oder Edelsüßpaprika abschmecken. Auf den Brotscheiben verteilen. Mit dieser Seite nach unten in erhitztes Fett legen und kurz braten.
Die Tatarscheiben appetitlich verziert auftragen.

Eierschnitten

4 Scheiben Toastbrot,
20 g Margarine,
125 g Kalbsleberwurst,
2 kleine, geriebene Äpfel,
4 Spiegeleier,
Salz, Schnittlauch

Die Toastscheiben mit Margarine bestreichen. Kalbsleberwurst und Äpfel miteinander mischen und auf dem Brot verteilen. Auf jede Brotscheibe ein Spiegelei setzen, salzen und mit Schnittlauchröllchen bestreuen.

„Zukunftsfrohe Menschen erfüllen unsere Pläne mit ganzer Kraft und putzen zur Erhaltung dieser Kraft regelmäßig die Zähne"... Na wenn das kein Slogan für Zahnpasta ist!
Der VEB Elbechemie war von der Wirksamkeit jedenfalls fest überzeugt.

Silvesteräpfel

4 große, möglichst dunkelrote Äpfel,
3 Essl. gares Geflügelfleisch,
1 Chicorée,
4 Teel. Mayonnaise oder Joghurt,
1 Schuss Apfelwein,
Salz, Zucker, Senf

Die Äpfel gut waschen, abtrocknen und oben einen Deckel abschneiden. Die Äpfel aushöhlen, dabei das Kerngehäuse entfernen. Der Apfel soll jedoch ganz bleiben.
Geflügelfleisch, Chicorée und das Apfelinnere (ohne Kerngehäuse) klein würfeln und untereinander mischen. Aus Mayonnaise oder Joghurt und dem Apfelwein eine Salatsoße bereiten, mit Salz, Zucker und etwas Senf pikant abschmecken. Diese Marinade mit den übrigen Zutaten vermengen. Die vorbereiteten Äpfel damit füllen. Auf frischen Salatblättern anrichten und mit Apfelsinenspalten und Nüssen garnieren.

Pikanter Apfel

4 große Äpfel,
2 Scheiben Schinken,
2 Eier,
Zitronensaft oder Essig,
1/2 Glas Mayonnaise,
3 Essl. Joghurt,
1 Teel. Margarine,
2 Essl. Semmelbrösel

Die Äpfel halbieren und das Kerngehäuse entfernen. Die Hälften noch etwas aushöhlen und in ein Sieb legen, das über kochendem Wasser hängt, so dass sie leicht garen.
Schinken (am besten schmeckt roher), Eier und die Apfelreste vom Aushöhlen sehr klein schneiden, mit einigen Spritzern Zitronensaft oder Essig leicht säuern und dann mit der Mayonnaise und dem Joghurt vermischen. Alles in die Äpfel füllen.
Die Margarine in einer Pfanne schmelzen und die Semmelbrösel im heißen Fett kurz rösten. Die heißen Brösel über die Äpfel streuen und sofort auftragen.

Dazu passt frischer Toast.

„Bis in den Haushalt dringt unser großes Streben nach besseren und erleichterten Arbeitsmethoden...“ hieß es hochoffiziell.

Neue, effektivere Reinigungs- und Pflegemittel ließen dann auch die Kunstfasern in Teppich und Polstermöbeln wieder erstrahlen.

Karlsbader Schnitte

4 Scheiben Weiß- oder Graubrot,
40 g Butter,
4 Scheiben gekochter Schinken (oder Jagdwurst),
4 Scheiben Schnittkäse

Die Brotscheiben mit einem Teil der Butter bestreichen, den Schinken bzw. die Wurstscheiben auflegen und jeweils mit einer Scheibe Käse bedecken. (Die Käsescheiben müssen der Größe der Brotscheiben entsprechen, eventuell zurechtschneiden.) Die restliche Butter als Flöckchen obenauf setzen und die Schnitten im vorgeheizten Ofen oder im Grill solange überbacken, bis der Käse zu schmelzen beginnt.

Sie können die Schnitten variieren, indem Sie die Brotscheiben mit Butter und Tomatenketchup oder Meerrettich bestreichen. Sehr lecker schmeckt auch, wenn Sie Pfirsichscheibchen oder Ananasscheiben (Konserve) auf den Schinken bzw. die Wurst geben und dann mit Käse überbacken.

Illustrierte Brote

1 kleines Glas Meerrettich,
Salz, Zucker, Essig,
1/2 bis 1 Essl. Mayonnaise,
4 Scheiben Vollkornbrot,
4 Scheiben Bierschinken,
1 Zwiebel, Margarine
1 Essl. Tomatenketchup,
1-2 Gewürzgurken,
1 kleiner Apfel,
100 g Paprikasalat

Den Meerrettich mit Salz, Zucker, Essig und etwas Mayonnaise cremig anrühren. Damit das Vollkornbrot dick bestreichen. Auf jede Brotscheibe eine Scheibe Wurst legen.

Die Zwiebel schälen und in Streifen schneiden, in etwas Margarine anschwitzen und das Tomatenketchup zugeben. Gut verrühren und vom Feuer nehmen. Die Gewürzgurken in Streifen schneiden. Den Apfel schälen und ebenfalls in Streifen schneiden. Zusammen mit dem Paprikasalat (Fertigprodukt) zu den vorbereiteten Zwiebeln geben und alles gut vermischen. Auf den Wurstscheiben verteilen. Mit Schnittlauchröllchen und Zitronenachteln garnieren.

Käseschnitzel

2 Eier, etwas Milch,
ca. 100 g Mehl,
Paprika, Salz,
4 dicke Scheiben Schnittkäse,
Semmelbrösel,
Fett zum Braten,
4 Scheiben Zitrone,
4 Scheiben Toastbrot

Aus Eiern, Milch und Mehl einen dickflüssigen Eierkuchenteig bereiten, nicht süßen, sondern mit Paprikapulver und etwas Salz scharf würzen. Die Käsescheiben (mindestens 1 cm dick) zuerst im Eierkuchenteig und dann in den Semmelbröseln wenden. Den panierten Käse in heißem Fett rasch von beiden Seiten goldbraun braten. Der Käse darf dabei nicht zerlaufen. Jedes Käseschnitzel auf eine Scheibe Toastbrot geben und mit einer Scheibe Zitrone anrichten.

Schinkenhörnchen

250 g Magerquark,
400 g und etwas Mehl,
2 Teel. Backpulver,
1/2 Teel. Salz,
250 g kalte Butter

Für die Füllung:

3 Lauchzwiebeln,
200 g magerer geräucherter Schinken,
50 g saure Sahne,
1 Teel. getrocknete Kräuter (z. B. Thymian, Oregano),
Salz, Pfeffer, 1 Eigelb,
4 Essl. Milch, 2 Essl. Kümmel

Quark (vor der Verwendung auf einem Sieb ca. 30 Minuten abtropfen lassen, die Molke unbedingt abgießen) mit Mehl, Backpulver, etwas Salz und der in Stücke geschnittenen Butter glatt verkneten. Zur Kugel formen, 15 Minuten kalt stellen.
Lauchzwiebeln waschen, putzen, fein schneiden. Den Schinken in Streifchen schneiden, mit den Frühlingszwiebeln und der sauren Sahne vermengen. Die Kräuter zugeben. Alles mit Salz und Pfeffer abschmecken.
Den Teig halbieren. Je 1 Kreis (ø 40 cm) ausrollen. Jeden Kreis in 8 Segmente schneiden, Füllung darauf verteilen. Aufrollen, Hörnchen formen.
Eigelb mit Milch verquirlen, auf Hörnchen pinseln, Kümmel aufstreuen und im vorgeheizten Ofen bei mittlerer Hitze ca. 20-25 Minuten backen.

Gurkenschiffchen

2 Salatgurken,
1 kleine Zwiebel,
250 g Quark,
150 g Joghurt,
2 Essl. Meerrettich,
Salz, Pfeffer

Gurken gründlich waschen und trocknen, Enden abschneiden, längs halbieren und mit einem Esslöffel die Kerne herauslösen. Die Gurkenhälften in je drei schräge Stücke schneiden. Die Gurkenreste in feine Würfel schneiden. Die Zwiebel schälen und fein hacken. Mit Quark, Joghurt und Meerrettich verrühren, mit Salz und Pfeffer abschmecken. Die Gurkenwürfel unterheben. Die Quarkcreme in die Gurkenschiffchen füllen und auf einer Platte anrichten.

Fliegenpilze

8 große Eier,
4 feste Tomaten,
1/2 Becher Fleischsalat (Fertigprodukt),
Zitronensaft, Paprika,
Mayonnaise,
1 Kopf grüner Salat,
Petersilie

Die Eier hart kochen, abschrecken und nach dem Auskühlen abschälen. Am unteren Ende eine Scheibe abschneiden, so dass das Ei eine glatte Standfläche erhält. Die Eier dann von oben her mit einem Tee- oder Mokkalöffel sehr vorsichtig aushöhlen. Das Ei darf dabei nicht kaputt gehen!
Die Tomaten waschen und jeweils oben und unten ein „Deckelchen" für die Fliegenpilze abschneiden; eventuell ein klein wenig aushöhlen. Ei- und Tomatenreste fein würfeln und unter den Fleischsalat mischen. Den Salat nochmals mit einigen Spritzern Zitronensaft und etwas Paprika pikant abschmecken. Dann den Salat vorsichtig in die ausgehöhlten Eier füllen (er kann ein klein wenig überstehen). Die Tomatendeckelchen als Hütchen aufsetzen und mit Mayonnaise betupfen.
Die „Fliegenpilze" dekorativ auf einer „Salatwiese" platzieren und mit Petersilie garnieren.

Waren das Zeiten, als in der Küche noch die Küchenmaschine Komet KM 66 ihren Dienst versah!

Die erste kam 1963 aus Suhl und sie war bald so begehrt wie Scheibenwischer für den Trabant und mindestens so schwer zu bekommen wie ungarische Salami.

Kalt ... Verführerisch angemacht

Violettasalat

500 g gekochte Kartoffeln,
4 marinierte Gemüsepaprika,
250 g junge Erbsen
(auch Konserve),
4 Essl. Öl, Salz, Pfeffer,
Essig, Senf, Zucker,
1/4 l Joghurt, Petersilie

Die Kartoffeln würfeln, ebenso den Gemüsepaprika, mit den gegarten Erbsen mischen und mit Öl, Salz, Pfeffer, Senf, Essig und Zucker kräftig abschmecken. Joghurt und gehackte Petersilie dazugeben und durchziehen lassen.
Mit grünem Salat oder Rapünzchen (Feldsalat) garnieren.

Skatsalat

250 g Limburger Käse,
2 Gewürzgurken, 3 Tomaten,
1 Röhrchen Kapern, 4 Essl. Öl,
Salz, Pfeffer, Kümmel

Den Käse und die Gewürzgurken in Streifen schneiden, die Tomaten (ohne Kerngehäuse) würfeln, alles mischen. Mit Kapern, Öl, Salz, Pfeffer und Kümmel abschmecken und gut durchziehen lassen. Dazu schmeckt Schwarzbrot.

Gruß aus Kuba

250 g Schnittkäse,
4-6 Essl. Ananasschnitzel,
3 Essl. gehackte Nüsse
oder Mandeln,100 g Quark,
etwas saure Sahne,
Salz, Zucker

Den Schnittkäse in Würfel oder feine Streifen schneiden. Mit der Ananas und Nüssen mischen. Den Quark mit soviel saurer Sahne verrühren, dass eine sämige Tunke entsteht. Pikant mit Salz und Zucker ab-schmecken. Durch ein Sieb über die Käse-Ananas-Mischung streichen. Mit Bananenscheibchen und Ananas garnieren. Dazu passt Toastbrot.

Wenn es nichts gab, eines gab es immer: Fest- und Feiertage. Jede Branche hatte ihren eigenen Ehrentag, jeder Berufszweig seinen Gedenktag.

Willkommener Anlass für Brigadefeiern mit allem, was dazu gehörte: Reden, Auszeichnungen, Bier und Wein, Gegrilltes und hausgemachte Salate.

Am Frauentag jedoch kauften die männlichen Kollegen der Einfachheit halber Rührkuchen in HO oder Konsum.

Roter Heringssalat

250 g Kartoffeln,
6 Heringsfilets, 1 Zwiebel,
2 säuerliche Äpfel,
1 Glas Rote Beete (ca. 200 g),
200 g gekochtes Rindfleisch
oder Kochschinken,
2 Gewürzgurken,
2 Essl. Walnusskerne,
1 Essl. Kapern, 1 Ei,
300 g saure Sahne,
100 g Mayonnaise,
Weinessig, Zucker,
Salz, Pfeffer,
Dill zum Garnieren

Kartoffeln waschen und ca. 20 Minuten kochen, abschrecken und schälen. Auskühlen lassen. Heringsfilets abspülen, falls sie sehr salzig sind ca. 1 Stunde wässern. Abtropfen lassen.
Zwiebel und Äpfel schälen, Rote Beete abtropfen lassen, Saft dabei auffangen. Fleisch, Gewürzgurken und alle vorbereiteten Zutaten würfeln, Nüsse hacken. Alles mit den Kapern mischen.
Das Ei hart kochen und abschrecken. Für die Marinade die saure Sahne mit der Mayonnaise verrühren. Mit Rote-Beete-Saft, Essig, Zucker, Pfeffer und wenig Salz abschmecken. Die Marinade mit den Salatzutaten mischen und mindestens vier Stunden kalt stellen. Nochmals abschmecken.
Das hart gekochte Ei abschälen, hacken. Den Salat mit Ei und Dill garniert servieren.

Tipp:

Der Salat schmeckt immer besser, je länger er durchzieht. Gut abgedeckt und kühl gestellt hält er sich einige Tage.
Natürlich können Sie auch bei diesem Rezept die Mayonnaise durch Crème fraîche oder Joghurt ersetzen.

In den 1960er Jahren tummelte sich der umtriebige Herr Fisch in Fernsehen und Presse in immer neuen Varianten.

Im Fernsehen gab Fischkoch Rudolf Kroboth die passenden Rezepte zum Besten und in den Fischläden bekam man tatsächlich frischen Hering, Scholle, Seelachs, Langusten und vieles mehr.

... helfen, wenn die Zeit eine Rolle spielt und es in der Küche um Minuten geht, aus mancher Verlegenheit.

FISCHKONSERVEN
sind ohne Kühlschrank monatelang haltbar.

FISCHKONSERVEN
kaufen, heißt Vorteile kaufen!

V V B HOCHSEEFISCHEREI

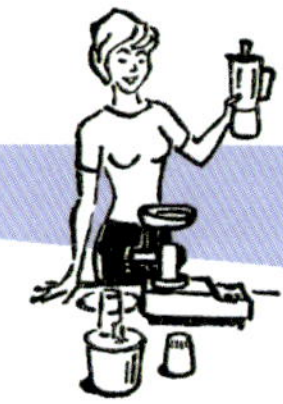

Matrosenliebe

3 Bücklinge oder
ein entsprechend großes
Stück Räucherfisch,
2 gare rote Rüben,
1/2 Staude Chinakohl,
2 Essl. Öl, 100 ml Sahne,
2 Essl. Zitronensaft,
Salz, Paprika, 1 Prise Zucker,
dünne Zwiebelringe

Den Fisch häuten, entgräten und in mundgerechte Stücke zerpflücken. Die roten Rüben in kleine Würfel, den Chinakohl in feine Streifen schneiden. Fisch und Gemüse miteinander vermischen.
Aus Öl, Sahne und Zitronensaft eine Marinade rühren, mit Salz, Paprika und etwas Zucker abschmecken. Die Marinade über den Salat geben und mit Zwiebelringen garnieren.

Feiertagsmelodie

4-6 gekochte, feste Kartoffeln,
1 Gewürzgurke,
1 Stück garer Karpfen
(eventuell Rest),
4 Essl. gares Mischgemüse,
Saft von 1 Zitrone,
1 Eigelb, 3 Essl. Öl,
Salz, Zucker,
Zwiebelschlotte,
gehackte Petersilie

Kartoffeln und Gurke in Würfel schneiden. Den Karpfen zerpflücken, das Mischgemüse zugeben und alles gut miteinander vermengen. Aus Zitronensaft, Eigelb und Öl eine Salatsoße bereiten, nach Geschmack mit Salz und Zucker abschmecken und unter die Salatzutaten heben. Mit gehackten Zwiebelschlotten (Grün von Lauchzwiebeln) und Petersilie bestreut anrichten.

Ideal zur Resteverwertung z. B. von Silvesterkarpfen.

Geflügelsalat im Pfirsichschälchen

Das gare Hühnchenfleisch in kleine Stücke schneiden und mit Zitronensaft marinieren. Äpfel und Pfirsiche ebenfalls klein würfeln und den Weinbrand oder Rum darübergeben. Mayonnaise und saure Sahne verrühren, mit Paprika und etwas Salz abschmecken. Fleisch und Obstwürfel mischen und die Mayonnaise unterziehen, dabei die gehackten Nüsse mit untermischen. Den Salat nochmals abschmecken.
Die großen Pfirsiche waschen, eventuell häuten, halbieren, den Stein entfernen und mit der Schnittfläche nach oben auf Salatblätter setzen. Die Pfirsiche mit Zitronensaft und etwas Weinbrand oder Rum beträufeln und den vorbereiteten Geflügelsalat auf ihnen anrichten. Mit Walnusshälften garniert servieren.

gares Fleisch von 1/2 Huhn,
Zitronensaft, 1-2 Äpfel
(je nach Fleischmenge),
1-2 kleine Pfirsiche,
1 Essl. Weinbrand oder Rum,
1/2 Glas Mayonnaise,
3 Essl. saure Sahne, Paprika,
Salz, 1 Essl. gehackte Walnüsse,
6 große Pfirsiche, Zitronensaft,
Weinbrand oder Rum,
einige Salatblätter

Broilersalat

Das Broilerfleisch von den Knochen lösen, die Haut entfernen, dann Fleisch und Sellerie fein würfeln. Die Zwiebel schälen und ebenfalls in kleine Würfelchen schneiden. Alles mischen und mit etwas Salz abschmecken. Den Zitronensaft unterrühren und die Zutaten kalt gestellt ca. 1 Stunde ziehen lassen.
Dann die abgetropften Mandarinen und Pilze untermischen. Die Mayonnaise mit Curry würzig abschmecken und unter den fertigen Salat heben. Eventuell nochmals nachwürzen. Vor dem Servieren mit den Mandeln bestreuen.

1 fertiger Broiler,
1/2 gekochter Sellerie,
1 kleine Zwiebel, Salz,
Saft von 1 Zitrone,
1 Dose Mandarinen,
1 Dose Pilze,
250 g Mayonnaise, Curry,
75 g süße Mandeln (gehackt)

Pusztasalat

1 kleines Glas sauer eingelegte Paprikaschoten, 250 g Schweinebraten, 2 Äpfel, 2 Essl. Paprikamark, 2 Essl. Mayonnaise, Salz, Paprika, Senf, feingehackte Zwiebel

Die Paprikaschoten gut abtropfen lassen und in feine Streifen schneiden. Den Schweinebraten und die vom Kerngehäuse befreiten Äpfel ebenfalls in Streifen schneiden. Das Paprikamark mit der Mayonnaise verrühren und mit den Gewürzen scharf abschmecken. Alle Zutaten vermengen, durchziehen lassen, eventuell nochmals abschmecken.

Den Salat mit feingehackter Zwiebel bestreut servieren.

Wintersalat

100 g Weißkraut, 1/2 Teel. Salz, 2 kleine Möhren, 100 g Rosenkohl, 1 Gewürzgurke, 4 Essl. Joghurt, 1 Teel. Öl, Paprika

Das Weißkraut ohne Strunk raspeln und mit Salz mürbe stampfen. Möhre und Rosenkohl ebenfalls raspeln und zugeben. Die Gewürzgurke in kleine Würfel schneiden und untermischen. Joghurt und Öl zu einer Marinade verrühren, mit Paprika abschmecken und unter den Salat mischen. Durchziehen lassen. Eventuell nochmals nachwürzen.

Tipp:

Statt Rosenkohl können Sie auch in Streifen geschnittene Paprikaschoten oder Paprikasalat aus dem Glas zum Salat geben.

Wie auf die Gebrauchsanleitung für Gasheizgeräte die Flasche Cinzano gekommen ist, können wir auch nicht erklären. Vielleicht wurden sie ja doch nur für den Export und den Intershop produziert?

So lecker
Lieblingskuchen

Süß

Süß ... So lecker

Schwipsgesellen

75 g Rosinen, 6 cl Rum oder Weinbrand,
2 Essl. Quark,
4 dünne Scheiben Weißbrot,
3 Eier, 2 Essl. Kaffeesahne,
2 Essl. Zucker,
1 Päckchen Vanillinzucker,
Zitronenschale,
2 Essl. Öl, 2 Essl. Butter,
2 Essl. Sauerkirschkonfitüre,
1/4 l saure Sahne

Die Rosinen waschen und in etwas Rum oder Weinbrand einweichen. Den Quark mit je einem Esslöffel saurer Sahne und Zucker verrühren und die eingeweichten Rosinen dazugeben. Die Weißbrotscheiben mit dem angerührten Quark bestreichen, in der Mitte teilen und wie zur „Klappstulle“ zusammenlegen.
Die Eier mit Kaffeesahne und dem restlichen Rum/Weinbrand verquirlen, einen Essöffel Zucker, den Vanillinzucker sowie etwas geriebene Zitronenschale (unbehandelte Zitrone verwenden) dazugeben. Die Quarkbrote in der Eiermilch weichen lassen, bis sie die Flüssigkeit aufgesogen haben, dann in heißem Öl braten, nach und nach etwas Butter mit in die Pfanne geben.
Heiß servieren, mit etwas Konfitüre betupfen und dazu saure Sahne reichen.

Kirschen in Mandelkrem

750 g frische Kirschen oder 1 Glas Sauerkirschen,
1 Päckchen Vanillinzucker,
4-6 Essl. Weinbrand,
1 Päckchen Mandelpudding,
1 l Milch, 2-3 Essl. Zucker,
1-2 Essl. gehackte Mandeln oder Nüsse

Die gewaschenen Sauerkirschen entsteinen, den Saft abtropfen lassen und grob hacken. In einer Schüssel mit Vanillinzucker abschmecken und in hohe Bechergläser verteilen. Pro Glas 1 Esslöffel Weinbrand über die Kirschen geben und die Gläser kalt stellen. Von dem Puddingpulver nach Vorschrift – aber unter Verwendung der doppelten Menge Milch – eine Mandelkrem kochen. Diese öfter umrühren und nach dem Erkalten auf die Kirschen gießen. Obenauf einen Löffel Kirschsaft und gehackte Mandeln oder Nüsse geben.

Unter dem Warenzeichen „Rotplombe" gab es alles, was das Backen und Kochen leichter machte: Puddingpulver, Backpulver, Backaromen …

In den 1960er Jahren arbeitete der Leipziger Verlag für die Frau eng mit Rotplombe zusammen und gab gemeinsam mit dem Betrieb einen Rezeptdienst heraus.

Rotplombe, nach 1990 zunächst vom Markt verschwunden, ist mittlerweile wieder mit vertrauten Produkten am Markt!

Quarkauflauf mit Äpfeln

500 g Äpfel,
2 Essl. Zitronensaft,
150 g Zucker,
500 g Quark, 4 Eier,
4 Essl. Grieß,
2 Teel. Backpulver,
1 Prise Salz, Zimt,
2 Essl. Butter,
3 Essl. Semmel- oder Zwiebackbrösel,

Die Äpfel schälen, vierteln oder achteln, das Kerngehäuse entfernen, in mitteldicke Scheiben schneiden, mit Zitronensaft und etwas Zucker marinieren. Den Quark mit ca. 100 g Zucker, den Eigelben, Grieß und Backpulver gut schaumig verrühren, wenig Salz und etwas Zimt dazugeben, die Apfelscheiben untermengen, das Eiklar zu steifem Schnee schlagen und unter die Masse heben. Alles in eine gebutterte Auflaufform geben, mit wenig geriebener Semmel oder Zwiebackbröseln bestreuen und Butterflöckchen obenauf setzen. Bei mittlerer Hitze im vorgeheizten Ofen backen.

Birne „Othello“

1 Packung Vanilleeis,
2-3 Birnen,
1 Schokoladen-Soßenpulver,
1/2 l Milch, 2 Essl. Zucker,
Kleingebäck oder Waffeln

Das Vanilleeis entsprechend der Personenanzahl aufteilen und auf jede Portion eine halbe gedünstete Birne geben.
Die Schokoladensoße nach Kochvorschrift zubereiten, auskühlen lassen, über die Birnen gießen und mit Kleingebäck oder Waffeln verzieren.

Apfeltürmchen

4 Äpfel, 1/2 Liter Apfelsaft, 30 g Zucker, etwas Speisestärke, 1/2 l Milch, 10 g Butter, Zucker, 40 g Grieß, entsteinte Kirschen

Die Äpfel schälen und das Kernhaus ausstechen, dann in gezuckertem Apfelsaft kurz dünsten. Die fertigen Äpfel vorsichtig herausheben und zur Seite stellen. Den heißen Apfelsaft mit etwas kalt angerührter Speisestärke binden.
Die Milch mit Butter und Zucker aufkochen, den Grieß einstreuen und dick ausquellen lassen. Die heiße Grießmasse ca. 1cm dick auf ein kalt abgespültes Brett streichen und nach dem Erkalten mit einem Glas oder einer Tasse Scheiben ausstechen. Auf diese Grießscheiben dann die Äpfel setzen. Die Türmchen mit Kirschen verzieren und mit dem Apfelsaft übergießen.

Apfelkrusteln

4 große Äpfel, 20 g Zucker, 3 Essl. Weinbrand

Für den Ausbackteig:

1/8 l Apfelwein oder -saft, 1 Ei, 3-4 Essl. Mehl, 20 g zerlassene Butter, 1 Prise Salz, Ausbackfett, Puderzucker

Die Äpfel schälen und in dicke Scheiben schneiden, dabei das Kerngehäuse entfernen. Die Scheiben mit Zucker bestreuen und mit dem Weinbrand beträufeln, eine Stunde durchziehen lassen. Inzwischen den Apfelwein mit dem Ei, Mehl, Butter und Salz zu dickflüssigem Teig verschlagen.
Die vorbereiteten Apfelscheiben im Teig wenden, bis sie vollständig überzogen sind. Dann die Apfelscheiben einzeln im siedenden Fett auf beiden Seiten lichtbraun ausbacken und sofort mit Puderzucker bestäubt servieren.

Tuttifrutti

375-500 g rohes oder gedünstetes Obst, etwa 75 g Kekse, 1 Päckchen Vanillepudding (oder Mandelgeschmack), 2 Essl. Zucker, 1/2 l und etwas Milch

Das Obst in Schälchen verteilen und mit den Keksen bedecken. Das Puddingpulver nach Vorschrift mit dem Zucker und etwas Milch anrühren. Die Milch erhitzen, vom Herd nehmen und das angerührte Puddingpulver einrühren. Nochmals kurz aufkochen lassen. Den noch warmen Pudding auf das mit Keksen bedeckte Obst in den Schälchen verteilen und servieren.

Pfirsichigel

125 g Kokosfett, 30 g Kakao, 75 g Puderzucker, 1 Ei, 1 Päckchen runde Kekse, entsprechende Menge Pfirsiche, Zitronensaft, Mandelsplitter

Aus Kokosfett, Kakao, Zucker und Ei eine Lukullusmasse zubereiten. Hierfür das Kokosfett schmelzen. Kakao mit Zucker und Ei glatt rühren und das abgekühlte, aber noch flüssige Kokosfett nach und nach zugeben und unterrühren, so dass eine glatte Masse entsteht. Die Pfirsiche halbieren und jede Hälfte mit Zitronensaft beträufeln. Auf jeden Keks nun einen halben Pfirsich setzen und mit der Lukullusmasse überziehen. Kurz vor dem Festwerden Mandelsplitter einstechen und die Igelchen servieren.

Tipp:

Die Pfirsichigel immer erst kurz vor dem Verbrauch zubereiten, da die Kekse sonst schnell durchweichen. Die Zubereitung der Lukullusmasse können Sie sich ersparen, wenn Sie dunkle Kuvertüre im Wasserbad schmelzen und die Pfirsiche damit überziehen.

Ja, auch der DDR-Bürger war verspielt! Wöchentlich träumte er vom Hauptgewinn, so er denn seinen Lottoschein abgegeben hatte.

Das konnte er seit 1953 und von 1963 an gar volkseigen, denn da gründete der DDR-Ministerrat den Volkseigenen Betrieb (VEB) Vereinigte Lotteriebetriebe – schließlich lag das Glück des Volkes der Staatsführung am Herzen... und Geld brachte es auch in die volkswirtschaftlichen Kassen.

Brittakuchen

200 g süße und 5 Stück bittere Mandeln, 200 g Margarine, 6 Eier, 200 g Zucker, 1 Prise Salz, 200 g Mehl, 1/2 Päckchen Backpulver, abgeriebene Schale von 1/2 Zitrone, weiße Zuckerglasur, Schokostreusel

Die Mandeln gründlich waschen und nach dem Trocknen mit der Schale reiben. Die Eier trennen. Die Margarine mit den Eigelb und dem Zucker schaumig schlagen, eine Prise Salz zugeben und die abgriebene Schale der 1/2 Zitrone (unbehandelt) unterrühren. Das Mehl mit dem Backpulver mischen und über den Teig sieben, unterrühren. Die Eiweiß ebenfalls mit einer Prise Salz steif schlagen und zuletzt mit den geriebenen Mandeln unter den Teig heben. Teig in eine gefettete und ausgestäubte Form geben und bei Mittelhitze im vorgeheizten Ofen ca. 50 Minuten backen. Kuchen nach dem Auskühlen mit weißer Zuckerglasur überziehen und mit Schokostreuseln bestreuen.

Anstelle der Mandeln können Sie auch gemahlene Nüsse verwenden.

Teufelsküsse

250 g Butter, 100 g Puderzucker, 100 g bittere Schokolade, 60 g Mehl, 250 g Stärkemehl

Die Butter mit dem Zucker schaumig rühren, nach und nach die fein geriebene Schokolade und das mit Stärkemehl gemischte Mehl zugeben. Alles gut verkneten. Aus dem Teig kleine Kugeln formen. Diese auf ein gefettetes und bemehltes Backblech setzen und bei Mittelhitze etwa 15 Minuten backen (Garprobe mit einem Holzstäbchen machen).

Kirmestorte

Aus den angegebenen Zutaten für den Boden einen Knetteig bereiten. Eine gefettete und ausgestäubte Springform damit auslegen, dabei einen hohen Rand andrücken.
Für die Quarkfüllung alle angegebenen Zutaten zu einer cremigen Masse rühren. Milch nur dann hinzufügen, wenn der Quark sehr trocken ist. Die Quarkmasse in die mit Teig ausgelegte Springform geben.
Aus Mehl, Butter und Zucker Streusel kneten und über die Quarkmasse krümeln. Im vorgeheizten Ofen bei Mittelhitze etwa 60 bis 80 Minuten backen. Die letzte halbe Stunde den Kuchen mit Backpapier abdecken, um ein zu starkes Bräunen der Oberfläche zu verhindern. Machen Sie nach ca. 1 Stunde zum ersten Mal eine Garprobe, der Quark soll fest sein und darf nicht am Holzstäbchen kleben.

Für den Boden:

250 g Mehl,
1/2 Päckchen Backpulver,
90 g Margarine, 75 g Zucker,
1 Prise Salz, 1 Ei,
1 Päckchen Vanillinzucker,
1-2 Essl. Milch

Für die Füllung:

50 g Butter oder Margarine,
3 Eier, 200 g Zucker,
750 g Quark,
1 Päckchen Vanillepudding,
1 Prise Salz, 1 Essl. Rum,
1-2 Essl. Milch

Für die Streusel:

150 g Mehl,
90 g Butter oder Margarine,
75 g Zucker

Ameisenkuchen

150 g Margarine oder Butter,
150 g Zucker,
1 Päckchen Vanillinzucker,
2 Eier, 150 g Mehl,
1 1/2 gestrichene Teel. Backpulver,
150 ml Eierlikör,
50 ml Weinbrand oder Rum,
100 g Schokostreusel,
weißer Zuckerguss

Margarine und Zucker schaumig rühren, Vanillinzucker und Eier unterrühren, Mehl und Backpulver mischen und auf den Teig sieben und einen lockeren Rührteig bereiten. Zuletzt Eierlikör, Weinbrand oder Rum und Schokostreusel unterrühren. Einige Schokostreusel für die Garnitur zurück behalten. Den Rührteig in eine gefettete Kastenform füllen und bei schwacher Mittelhitze im vorgeheizten Ofen etwa 70 Minuten backen. Den fertigen Kuchen noch einige Minuten in der Form stehen lassen, dann herausnehmen und abkühlen. Den kalten Kuchen mit weißer Zuckerglasur überziehen und mit den restlichen Schokostreuseln bestreuen.

Papageienkuchen

300 g zimmerwarme Butter,
300 g Mehl, 300 g Zucker,
5 Eier,
1 Päckchen Backpulver,
200 g saure Sahne
1 Päckchen Schokoladen-pudding, 1 Päckchen Vanillepudding,
1 Rote Grützepulver,
1 Götterspeisepulver Waldmeister

Aus Butter, Mehl, Zucker, Eiern, Backpulver und saurer Sahne einen Rührteig herstellen. Den Teig in vier gleiche Teile aufteilen. In den ersten Teil das Schokoladenpuddingpulver, in den zweiten das Vanillepuddingpulver, in den dritten das Rote Grützepulver und in den letzten Teil das Waldmeisterpulver einrühren. Die einzelnen Teige neben- und übereinander in eine Springform füllen, dabei aber nicht vermischen.
Den Kuchen im vorgeheizten Ofen bei Mittelhitze ca. 30 Minuten backen. Nach dem Auskühlen aus der Form lösen und mit Puderzucker besieben.

Die 1960er Jahre ließen nicht nur die Röcke kürzer und die Badeanzüge knapper werden – die Mode sorgte auch dafür, dass Frau mehr auf ihre Figur zu achten begann und der „Sonntagskuchen“ bald Joghurt und Rohkost weichen sollte.

Konfettitorte

Für das Konfetti:

Je 1 Beutel rote, grüne und gelbe Götterspeise,
3/4 l Apfelsaft,
6 Essl. Zucker

Für den Biskuit:

2 Eier, 100 g Zucker,
1 Päckchen Vanillinzucker,
75 g Mehl, 25 g Speisestärke,
1/2 Teel. Backpulver

Für den Belag:

9 Blatt weiße Gelatine,
300 g Joghurt,
250 g Speisequark,
50 g Zucker,
abgeriebene Schale von 1 unbehandelten Zitrone,
400-500 g Schlagsahne

Die Götterspeisen nach Packungsanleitung mit jeweils 1/4 l Apfelsaft und 2 Esslöffel Zucker einzeln zubereiten. Dann in drei mit kaltem Wasser ausgespülte flache Gefäße gießen, kalt stellen und fest werden lassen.
Aus den angegebenen Zutaten einen Biskuitteig bereiten und im vorgeheizten Ofen bei Mittelhitze ca. 20 Minuten backen. Aus der Form lösen und auf eine Tortenplatte legen. Tortenring oder sauberen Springformrand darum legen.
Gelatine nach Anleitung einweichen. Joghurt und Quark mit Zucker und Zitronenschale verrühren, die aufgelöste Gelatine unterrühren. Die Sahne steif schlagen und als letztes vorsichtig unterheben. Die feste Götterspeise aus den Gefäßen stürzen und mit einem scharfen Messer in nicht zu große Würfel schneiden. Götterspeisewürfel vorsichtig unter die Quark-Sahne-Masse geben. Einige Würfel zum Garnieren zurückbehalten. Crème auf den Boden geben, glatt streichen und mit den restlichen Götterspeisewürfeln bunt garnieren. Torte mindestens drei Stunden kalt stellen. Wenn der Belag fest ist, Tortenring entfernen.

Tipp:

Wenn es ganz schnell gehen soll: Fertigen Biskuitboden kaufen, dazu fertige Götterspeise aus dem Kühlregal und mit Tortenhilfe für Käse-Sahne-Torte ist diese witzige Torte im Nu fertig.

Tröpfchenkuchen

Für den Knetteig:

200 g Mehl,
2 Teel. Backpulver,
75 g Zucker,
75 g weiche Butter, 1 Ei

Für die Füllung:

750 g Quark, 150 g Zucker,
1 Päckchen Vanillinzucker,
2 Päckchen Vanillepudding,
3 Eigelb,
Saft von 1/2 Zitrone,
1 Tasse Öl, 400 ml Milch

Für das Baiser:

3 Eiweiß,
100 g Zucker

Das Mehl mit dem Backpulver mischen und in eine Schüssel sieben. Die restlichen Zutaten für den Teig nach und nach zufügen und alles zu einem glatten Teig verkneten. Den Teig zu einer Kugel formen und ca. 30 Minuten kühl gestellt ruhen lassen. Danach dünn ausrollen. Einen Springformboden fetten und mit dem Teig auslegen. Einen ca. 3 cm hohen Rand andrücken. Den Teig mehrmals mit einer Gabel einstechen.
Die Zutaten für die Füllung nacheinander in eine Schüssel geben und mit dem Handrührgerät schaumig schlagen. Die Milch als Letztes nach und nach zugießen. Die dünnflüssige Masse auf dem Teig verteilen.
Den Kuchen im vorgeheizten Ofen bei etwa 150° C ca. 60 Minuten goldgelb backen.
Inzwischen die Eiweiß sehr steif schlagen. Gegen Ende den Zucker nach und nach einrieseln lassen. Den Eischnee mit einer Gabel wellig auf dem Kuchen verteilen (das bildet dann die Tröpfchen). Den Kuchen nochmals 10 bis 15 Minuten in den Ofen geben und bei geringer Hitze das Baiser hellbraun trocknen lassen.

Großmutters Schlupfkuchen

1 kg feste, säuerliche Äpfel,
2-3 Eier,
3/4 Tasse Zucker,
1 Tasse Mehl,
1 gestrichener Teel. Backpulver, 6 Essl. Öl,
2 Päckchen Vanillinzucker,
Butter zum Beträufeln,
Zucker zum Bestreuen

Die Äpfel schälen und ohne Kerngehäuse in grobe Stücke schneiden. Eier und Zucker zu einer dicken, cremigen Masse aufschlagen, das mit Backpulver gesiebte Mehl nach und nach vorsichtig unterziehen, ganz zum Schluss das Öl schnell und kräftig unterschlagen und die dickflüssige Masse in eine gefettete Springform schütten. Die Apfelstücke darauf verteilen (vom Teig sollte nichts mehr zu sehen sein), Vanillinzucker darüber streuen und den Kuchen im vorgeheizten Herd bei Mittelhitze ca. 45 Minuten backen. Wichtig ist, dass der Kuchen langsam bäckt, damit er nicht zu schnell „schlupft" und dann innen feucht bleibt. Also lieber bei nicht zu hohen Temperaturen etwas länger backen! Der Kuchen ist fertig, wenn die zwischen den Apfelstücken hervor "geschlupften" Teigspitzen goldbraun sind.
Sofort mit zerlassener Butter beträufeln und mit Zucker bestreuen.

Tipp:

Statt mit Äpfeln kann der Schlupfkuchen auch mit jedem anderen Obst, frisch oder aus der Konserve, zubereitet werden. Konservierte Früchte sehr gut abtropfen lassen.

IKA Elektrika versorgte den technikbegeisterten DDR-Bürger mit allem, was Küche und Haushalt so benötigten: Kaffeemaschinen, Küchenmaschinen, Bügeleisen, Rasierapparaten, Heizkissen und vielem mehr. Absoluter Renner war das Rühr- und Mixgerät RG 3 bzw. RG 5, von denen – dem Vernehmen nach – noch immer einige in ostdeutschen Küchen ihren Dienst tun sollen.

Leipziger Kaffeehäufchen

50 g Kokosfett,
150 g Haferflocken,
100 g Puderzucker,
1 Essl. Kaffee,
6 Essl. Schlagsahne,
1 Essl. Rum oder Rumaroma,
runde Backoblaten

Das Fett in einer Pfanne schmelzen, die Haferflocken zugeben und goldgelb rösten. Dann die Haferflocken mit Puderzucker, dem sehr fein gemahlenen Kaffeepulver, Sahne und Rum in eine Schüssel geben und solange rühren, bis alle Flüssigkeit aufgesogen ist.
Mit 2 Teelöffeln kleine Häufchen abstechen und (so vorhanden) auf Backoblaten setzen.
Die Kaffeehäufchen gut gekühlt servieren.

Schokoigel oder Kalter Hund

300 g Kokosfett,
150 g Puderzucker,
2 Eier, 45 g Kakao,
1 Essl. Rum oder Weinbrand,
2 Päckchen Kekse,
Mandelblättchen

Das Kokosfett auf sehr kleiner Flamme schmelzen. Puderzucker, Eier, Kakao und Rum bzw. Weinbrand gut verrühren. Das sich abkühlende Fett ganz langsam, fast tropfenweise unter die Masse rühren. Eine kleine Kastenform mit Pergamentpapier auslegen, abwechselnd eine Schicht Schokoladenmasse und eine Schicht Kekse einfüllen. Die oberste Schicht Kekse gleichmäßig mit der Schokomasse bestreichen und Mandelblättchen als „Stacheln“ eindrücken. Den Kalten Igel mehre Stunden im Kühlschrank fest werden lassen. Vor dem Servieren aus der Form nehmen.

Schneewittchen-Kuchen

Die Margarine mit Zucker und den Eiern schaumig schlagen, das Mehl mit dem Backpulver mischen und auf den Teig sieben. Unterrühren. Den Teig teilen. Etwa ein Drittel des Teiges mit dem Kakaopulver dunkel färben, eventuell etwas Milch dazugeben.
Ein Backblech fetten (oder mit Backpapier belegen) und zuerst den hellen Teig auf das vorbereitete Blech streichen. Dann den dunklen Teig löffelweise vorsichtig darüber geben.
Die Sauerkirschen gut abtropfen lassen und auf dem Teig verteilen. Im vorgeheizten Ofen bei Mittelhitze backen.
Inzwischen den Pudding mit Sauerkirschsaft kochen, erkalten lassen, dabei öfter umrühren. Die Butter schaumig schlagen und nach und nach den erkalteten Pudding zugeben. Alles gut verrühren. Wenn der Kuchen abgekühlt ist, die Kirschcreme auf den Kuchen streichen und alles mit Schokoladenguss überziehen. Für den Guss die Schokolade im Wasserbad schmelzen und das zerlassene Kokosfett tröpfchenweise einrühren.

Tipp:

Sie können natürlich auch Zartbitterkuvertüre kaufen und diese nach Anleitung schmelzen und den Kuchen damit überziehen.

Wenn Sie frische Sauerkirschen nehmen, so müssen diese entsteint werden und sollten dann gut abtropfen.

Für den Teig:

180 g Margarine,
180 g Zucker, 3 Eier,
375 g Mehl,
1 Päckchen Backpulver,
1 Essl. Kakao, 5 Essl. Milch

Für den Belag:

1 Glas Sauerkirschen
(750 g, entsteint),
500 ml Sauerkirschsaft
(evtl. mit Wasser auffüllen),
1 1/2 Päckchen Pudding
(Kirschgeschmack),
6 Essl. Zucker, 150 g Butter,

Für den Guss:

175 g Bitterschokolade,
50 g Kokosfett

Tolle Drinks mit und ohne

Geschüttelt wie gerührt

Flüssig

Flüssig ... Tolle Drinks mit und ohne

Kullerpfirsich

1 schöner, reifer Pfirsich pro Person, gut gekühlter Weißwein oder Sekt

Den Pfirsich gründlich waschen und von allen Seiten durchstehen. In ein entsprechend großes und weites Glas geben und nach Geschmack mit Weißwein oder Sekt aufgießen. Warten, bis sich der Pfirsich vollgesogen hat und sich zu drehen beginnt.

Sekt-Julep

5 Blätter frische Minze, 1 Teel. Zucker, Eisschnee, 6 Erdbeeren, 0,1 l Sekt

Pfefferminze in einem Glas mit Zucker zerreiben, Eisschnee zugeben. Mit den Erdbeeren und einem frischen Zweig Pfefferminze garnieren und mit Sekt auffüllen.

Landstreicher

Eiswürfel, 1 Essl. Kirschsirup, Saft von 1/2 Zitrone, 2 cl Cherry-Brandy, 4 cl Weinbrand, 1 Schuss Rotwein

Ein Becherglas halb voll mit zerstoßenem Eis oder Eiswürfeln füllen. Kirschsirup, Zitronensaft, Cherry-Brandy, Weinbrand und Rotwein darüber gießen und gut verrühren.
Mit Strohhalm und Löffel servieren.

*Alle Rezepte in diesem Kapitel sind, falls nicht anders angegeben, für **1 Person** berechnet.*

Es ist eine irrige Annahme, dass in der DDR nur Wodka konsumiert worden wäre – nein, es gab auch Eierlikör, Kirsch-Whisky, Spirituosen mit Weinbrand, Prima-Sprit, Korn, Pfefferminzlikör, süßen Wein aus Freundesland und Bier im Getränkestützpunkt, Kumpeltod und Blauen Würger, Vita Cola und Thälmann-Brause, Selterswasser und...

Wer, in Marxens Namen, hat das nur alles getrunken?

Bloody Mary

9 cl Tomatensaft, 2 cl Zitronensaft, 4 cl Wodka, 1 Teel. Worcestersoße, Eiswürfel, Salz, Pfeffer

Den Tomaten- und Zitronensaft, den Wodka und die Worcestersoße mit Eis im Shaker schütteln und in ein hohes Becherglas gießen. Den Drink mit Salz und Pfeffer bestreuen.

Cuba libre

4 cl Rum, Eiswürfel, 1 Teel. Zitronensaft, Cola

Den Rum in ein Becherglas mit Eis geben, Zitronensaft zufügen, gut umrühren und mit Cola auffüllen.

Stolperdraht

etwas Zucker, Eiswürfel, 2 cl Wermut bitter, 1 Glas Sekt

Den oberen Rand eines Sektglases mit wenig Wasser oder Zitronensaft anfeuchten, dann den Glasrand in Zucker tauchen, so dass am Glas eine Zuckerkruste entsteht. Jetzt den Wermut mit Eis in das vorbereitete Glas geben und mit Sekt auffüllen.

Grüne Witwe

4 cl Curaçao, 2 cl Orangensaft, Sekt

Den Curaçao und den Orangensaft in ein Sektglas geben und mit Sekt auffüllen. Das Getränk färbt sich grün.

Schoko-Schwips

Eigelb, Zucker, Kakao, Weinbrand und Kirschlikör im Shaker mit Eis mixen (besser noch im elektrischen Mixer). In ein hohes Glas geben und mit Milch auffüllen.

1 Eigelb, 2 Essl. Zucker,
1 Teel. Kakao,
4 cl Weinbrand,
1 Schuss Kirschlikör,
zerstoßenes Eis, Milch

Eskimo

Alle Zutaten im elektrischen Mixer mit dem Eis gut verquirlen, in ein Glas seihen und mit einem Strohhalm servieren.

1/4 l Milch, 1 Eigelb,
1 Päckchen Vanillinzucker,
abgeriebene Schale von
1 Zitrone (unbehandelt),
1 Kugel Vanilleeis

Eiscreme Soda

Das Eis, die Milch, den Curaçao und den Zitronensaft auf die Eiswürfel in ein Becherglas geben und mit Selterwasser auffüllen. Mit Strohhalm servieren.

2 Kugeln Vanilleeis,
4 cl Milch, 2 cl Curaçao,
1 cl Zitronensaft,
Eiswürfel, Selterwasser

Bel Ami

Alle Zutaten im Shaker gut schütteln oder im elektrischen Mixer verquirlen.

2 cl Weinbrand,
2 cl Apricot Brandy,
4 cl Kondensmilch,
1 Kugel Vanilleeis

Erdbeer-Frappé

1/4 l Joghurt,
1 Päckchen Vanillinzucker,
2 Essl. frische oder
gefrorene Erdbeeren, Zucker

Den Joghurt gut mit dem Vanillinzucker verrühren, davon die Hälfte in ein Kelchglas gießen. Die gezuckerten und mit der Gabel zerdrückten Erdbeeren darüber geben und mit dem restlichen Joghurt abdecken. Mit Erdbeeren garnieren.

Knickebein-Shake

2 cl Kirschlikör,
1 Eigelb,
2 cl Rum,
1 entsteinte Kirsche

Den Kirschlikör in ein schlankes Glas füllen, darauf das Eigelb geben, vorsichtig den Rum aufgießen und mit der Kirsche garnieren. Alle Zutaten müssen gut gekühlt sein.

Ulkige Gurke

zerstoßenes Eis,
4 cl Wodka,
1 Schuss Aprikosensaft,
1 Gurkenstift, 2 geschälte
Scheiben Zitrone,
1 Aprikose, Selterwasser

Das Glas halb mit zerstoßenem Eis füllen, Wodka und Aprikosensaft darüber geben und kurz umrühren. Auf das Eis den Gurkenstift stellen, darauf die Zitronenscheiben legen. An den Rand des Glases die Aprikose stecken und mit Selterwasser auffüllen.

Nikolaschka

4 cl Weinbrand,
1 Zitronenscheibe, Zucker,
fein gemahlener Kaffee

Den Weinbrand in ein Glas gießen, die Zitronenscheibe auf den Glasrand legen, mit wenig Zucker und noch weniger fein gemahlenem Kaffee bestreuen.

Ja wirklich, zu Beginn der 1960er Jahre trug man noch Cocktailkleider und genoss einen Hauch von „Bürgerlichkeit" – gegen Ende des Jahrzehnts setzten sich Miniröcke und Rockmusik endgültig durch.

Flüssig ... Geschüttelt wie gerührt

Martini

2 Spritzer Angostura,
4 cl Gin, 2 cl Wermut dry,
Zitronenschale, Olive, Eis

Angostura, Gin und Wermut mit Eis im Mixglas gut verrühren, mit Zitronenschale abspritzen und mit der Olive garnieren.

Manhattan

1 Spritzer Angostura,
3 cl Wermut rot, 3 cl Whisky,
Eis, Zitronenschale,
Cocktailkirsche

Angostura, Wermut und Whisky mit Eis im Mixglas rühren, mit Zitronenschale abspritzen und mit der Cocktailkirsche garnieren.

Black Jack

zerstoßenes Eis,
2 cl Kirschlikör,
2 cl Weinbrand,
2 cl kalter Mokka

Eine Sektschale mit zerstoßenem Eis füllen, Kirschlikör, Weinbrand und Mokka darüber gießen.

Wodkatini

1 Spritzer Zuckerlösung,
Eis, 4 cl Wodka,
2 cl Wermut rot,
Cocktailkirsche

Zuckerlösung, Wodka und Wermut mit Eis im Mixglas gut rühren und mit der Cocktailkirsche garnieren.

White Lady

Zitronensaft, Gin und Curaçao mit Eis im Shaker schütteln. Im Cocktailglas servieren.

2 cl Zitronensaft,
2 cl Gin, 2 cl Curaçao, Eis

Ladys Favorit

Alle Zutaten im Shaker mit Eis gut schütteln. Im Cocktailglas servieren.

2 cl Kondensmilch,
2 cl Apricot Brandy,
1 Essl. Orangensaft, Eis

Champagner-Cocktail

1 Stück Würfelzucker, Angostura, Sekt

Den Würfelzucker in ein Sektglas geben und mit Angostura beträufeln. Mit Sekt auffüllen.

Rumfrüchte-Cocktail

2 cl Weinbrand, 1 Essl. Saft aus dem Rumtopf, Rotwein, 1 Essl. Rumfrüchte

Weinbrand und Saft im Shaker gut schütteln, in ein Glas geben, mit Rotwein auffüllen und mit Rumfrüchten garnieren.

Mokkakirsche

2 cl Kirschlikör, 2 cl Mokkalikör, 1 Praline, 1 Cocktailkirsche

In eine flache Schale über den Kirschlikör vorsichtig den Mokkalikör gießen. Mit der Praline und der Cocktailkirsche garnieren.

Make-up-Cocktail

2 cl Weinbrand, 2 cl Apricot Brandy, 2 cl Kondensmilch, Eis

Alle Zutaten im Shaker mit Eis gut schütteln.

Ananas-Cocktail

Alle Zutaten im Shaker mit Eis schütteln und ins Cocktailglas geben. Mit einem Stückchen Ananas garnieren.

4 cl Weinbrand,
4 cl Ananassaft,
1 Schuss Rotwein,
Eis, 1 Stück Ananas

Himmelsstürmer

Curaçao und Weinbrand im Shaker mit Eis schütteln, in ein Cocktailglas seihen und mit Sekt auffüllen. Mit Zitronenschale abspritzen und das Fruchtstück zugeben.

1 cl Curaçao, 2 cl Weinbrand,
Eis, Sekt, Zitronenschale,
1 Stück Pfirsich oder Ananas

Moulin Rouge

Weinbrand, Ananassaft und Puderzucker mit Eis im Shaker schütteln, ins Glas seihen und mit der Cocktailkirsche garnieren.

2 cl Weinbrand,
2 cl Ananassaft,
1/2 Teel. Puderzucker, Eis,
1 Cocktailkirsche

Fegefeuer

Bier und Rum in einer Biertulpe mischen, mit Salz und Pfeffer würzen und mit der Zitronenscheibe garnieren.

2 cl Rum,
1/2 Flasche helles Bier,
je 1 Prise Salz und Pfeffer,
1 Zitronenscheibe

Rezeptverzeichnis

Alle Rezepte sind, wenn nicht anders angegeben, für 4 Personen berechnet.